DISCLAIMER

The author and publisher are providing this book and its contents on an "as is" basis and make no representations or warranties of any kind with respect to this book or its contents. The author and publisher disclaim all such representations and warranties, including but not limited to warranties of merchantability. In addition, the author and publisher do not represent or warrant that the information accessible via this book is accurate, complete, or current.

Except as specifically stated in this book, neither the author nor publisher, nor any authors, contributors, or other representatives will be liable for damages arising out of or in connection with the use of this book. This is a comprehensive limitation of liability that applies to all damages of any kind, including (without limitation) compensatory; direct, indirect, or consequential damages; loss of data, income, or profit; loss of or damage to property; and claims of third parties.

This Book Comes With Free Bonus Puzzles
Available Here:

BestActivityBooks.com/WSBONUS20

5 TIPS TO START!

1) HOW TO SOLVE

The Puzzles are in a Classic Format:

- Words are hidden without breaks (no spaces, dashes, ...)
- Orientation: Forward & Backward, Up & Down or in Diagonal (can be in both directions)
- Words can overlap or cross each other

2) ACTIVE LEARNING

To encourage learning actively, a space is provided next to each word to write down the translation. The **DICTIONARY** allows you to verify and expand your knowledge. You can look up and write down each translation, find the words in the Puzzle then add them to your vocabulary!

3) TAG YOUR WORDS

Have you tried using a tag system? For example, you could mark the words which have been difficult to find with a cross, the ones you loved with a star, new words with a triangle, rare words with a diamond and so on...

4) ORGANIZE YOUR LEARNING

We also offer a convenient **NOTEBOOK** at the end of this edition. Whether on vacation, travelling or at home, you can easily organize your new knowledge without needing a second notebook!

5) FINISHED?

Go to the bonus section: **MONSTER CHALLENGE** to find a free game offered at the end of this edition!

Want more fun and learning activities? It's **Fast and Simple!**
An entire Game Book Collection just **one click away!**

Find your next challenge at:

BestActivityBooks.com/MyNextWordSearch

Ready, Set... Go!

Did you know there are around 7,000 different languages in the world? Words are precious.

We love languages and have been working hard to make the highest quality books for you. Our ingredients?

A selection of indispensable learning themes, three big slices of fun, then we add a spoonful of difficult words and a pinch of rare ones. We serve them up with care and a maximum of delight so you can solve the best word games and have fun learning!

Your feedback is essential. You can be an active participant in the success of this book by leaving us a review. Tell us what you liked most in this edition!

Here is a short link which will take you to your order page.

BestBooksActivity.com/Review50

Thanks for your help and enjoy the Game!

Linguas Classics Team

1 - Antiques

```
I  T  V  D  B  C  U  D  L  A  A  C  N  U
R  Ë  T  E  J  V  I  J  A  U  N  I  N  W
E  P  A  Z  A  K  O  N  T  Ë  K  L  I  S
T  S  N  V  D  W  Q  B  Q  O  A  Ë  L  K
U  I  R  E  L  A  G  M  X  O  N  S  L  U
H  M  D  A  H  D  E  N  O  M  D  I  U  L
Z  I  M  I  R  U  A  T  S  E  R  A  K  P
I  M  E  X  S  T  M  O  B  I  L  J  E  T
B  Ç  I  N  V  E  S  T  I  M  X  M  H  U
D  E  K  A  D  A  J  A  U  S  F  D  S  R
D  E  K  O  R  A  T  I  V  E  T  Q  D  Ë
N  P  S  E  L  E  G  A  N  T  E  I  V  J
A  F  C  A  U  T  E  N  T  I  K  E  L  W
P  Q  K  V  L  E  R  A  Z  S  U  P  Q  I
```

ART	INVESTIM
ANKAND	BIZHUTERI
AUTENTIKE	I VJETËR
SHEKULLI	ÇMIMI
MONEDHA	CILËSIA
DEKADA	RESTAURIMI
DEKORATIVE	SKULPTURË
ELEGANTE	STILI
MOBILJE	E PAZAKONTË
GALERI	VLERA

2 - Food #1

```
N Y E H D Y R T H S E L U L
Ë C A J K K R I P Ë B B K Ë
T C T W T A X V H G O O I N
A U P Z A T R A V M E R K G
L J N B T R M R S C L Z I I
L M Q A N I P S O F B I R Z
A S H E Q E R X P T X L I L
S X D M B W L K I H A O K N
A J P O L W I A S X K K P X
H U D H Ë R M N J U N T E K
C E O Q P V O E A B P D A J
X K D X E J N L K E D Ë I V
J G B R Q V H L R R E P Ë K
Q U M Ë S H T Ë H D R A D W
```

KAJSI	KIKIRIK
ELB	DARDHË
BORZILOK	SALLATË
KARROTA	KRIPË
KANELLË	SUPË
HUDHËR	SPINAQ
LËNG	LULESHTRYDHE
LIMON	SHEQER
QUMËSHT	TUNA
QEPË	RREPË

3 - Measurements

```
M  M  T  H  E  L  L  Ë  S  I  M  Ç  W  K
C  I  A  I  S  Ë  T  A  J  G  O  N  S  I
Q  K  N  S  C  X  J  Z  H  Y  E  I  U  L
N  W  O  U  A  I  A  M  A  T  Ë  S  D  O
L  F  T  M  T  U  B  M  V  S  G  K  B  M
B  I  P  Z  R  Ë  D  A  R  G  R  I  F  E
H  J  T  N  Y  J  W  G  S  T  A  L  V  T
Q  B  D  Ë  J  W  Z  Y  L  H  M  O  Ë  Ë
B  Q  J  E  R  O  T  E  J  H  D  G  L  R
C  E  N  T  I  M  E  T  Ë  R  V  R  L  R
K  G  J  E  R  Ë  S  I  A  G  K  A  I  B
U  T  T  T  H  L  A  B  C  S  N  M  M  K
G  H  S  U  G  Q  Y  H  E  K  C  G  I  J
L  A  R  T  Ë  S  I  A  H  S  E  P  O  K
```

BAJT	GJATËSIA
CENTIMETËR	LITËR
DHJETORE	MASA
GRADË	MATËS
THELLËSI	MINUTË
GRAM	ONS
LARTËSIA	TON
INÇ	VËLLIMI
KILOGRAM	PESHA
KILOMETËR	GJERËSIA

4 - Farm #2

```
O Z B G P F S D P Y S H Q K
Y S O M R E E D W T P G U A
I F U P P U M R E O B L M F
G Y J I E I R I M U Y A Ë S
M J I W R R O I S E F B S H
T W T R I A T E D H R J H Ë
Z M J Q M B K L R N T M T T
F L E U E G A B J G N E Q L
R L P W O B R U S H Q I M I
U A C J Q B T R A B M A H V
T M W D E L E O M I S R I A
A A K Z Q X D S U Y N W M D
T T A P C P T A D C E R E H
M U L L I M E E R Ë I E F Q
```

KAFSHËT
ELB
HAMBAR
MISRI
ROSA
FERMER
USHQIM
FRUTA
UJITJE
QENGJ

LLAMA
LIVADH
QUMËSHT
PEMISHTE
DELE
BARIU
TRAKTOR
PERIME
GRURI
MULLI ME ERË

5 - Books

```
N K O N T E K S T Z D X V A
H A J H D E L B M R K J R U
M B R A E L E T R A R E P T
E S E R Q S H K R U A R O O
T B W V A T X P V Y L E E R
N R O E F T T T U V M S M K
A E A R I H O L X L Y U Ë U
V Q P G D N M R C W Y O N K
E G O I J A V E N T U R Ë R
L R F H K I R O T S I H P I
E N H L Q Ë K H U M O R O J
R O M A N G S E U X E L E U
D U A L I T E T C W M A Z E
P W H I S T O R I K E I I S
```

AVENTURË	NARRATOR
AUTOR	ROMAN
MBLEDHJA	FAQE
KONTEKST	POEMË
DUALITET	POEZI
EPIKË	LEXUES
HISTORIKE	RELEVANTE
HUMOR	HISTORI
KRIJUES	TRAGJIKE
LETRARE	SHKRUAR

6 - Meditation

```
M E M H M I R Ë N J O H J E
I M E Q E R O D N E M R H I
R O N E D S P O B D H D U A
Ë C D T M H H Y L O K O A S
S I J Ë U X E T E N O K A Z
I O E S Z A W M J T G H W Z
Q N M I I X D N B E E W I G
W E Y I K H I I X S F X S J
O T A Z A S U M Z P H T Ë U
P E R S P E K T I V Ë U T A
P P Y B C P G O O N R N R R
A M T M E N D I M E A L A I
Q P A J Z I V Ë L E H R Q A
E F N L Z A Y H Z Z L M P D
```

PRANIMI	MENDORE
ZGJUAR	MENDJE
QETËSI	LËVIZJA
QARTËSI	MUZIKA
DHEMBSHURI	NATYRA
EMOCIONET	PAQE
MIRËNJOHJE	PERSPEKTIVË
ZAKONET	HESHTJE
MIRËSI	MENDIME

7 - Days and Months

```
W D N J E T A V P M E S E Q
G U S H T S E X N A E H H F
G K O E M L H T O R N T Ë G
M J N A E T F T O S J A N T
J U K I R R O K U R T T Ë D
A D A I P U R G Z N E O H C
V R J J E K Z A K A Ë R B J
A B M E R H E F A J A N A R
L I Z H Q S J B L E P S K O
E M Ë R K U R Ë E M R T T T
I T I V Q M U Z N A I B B N
D F C Y E G N U D R L S H Ë
E E J W Z R I S A T L L N N
J N S A U O A Y R Ë G S K X
```

PRILL	NËNTOR
GUSHT	TETOR
KALENDAR	E SHTUNË
SHKURT	SHTATOR
E PREMTE	E DIEL
JANAR	E ENJTE
KORRIK	E MARTË
MARS	E MËRKURË
E HËNË	JAVA
MUAJ	VITI

8 - Energy

```
E L E K T R O N O T I P M P
C W I H O O N L L U V A K O
H S D G I P H Z A R F E E F
A I R T S U D N I B O R K N
J D D T L S A O S I T A I A
T E I R E T A B Ë N O L R F
O J O H O W L R T Ë N X T T
D M V W I G U A H F P B K Ë
N M O T O R J K E Y B H E C
F M V L Q O C E X C S X L Q
S M S O F M X Ë N I Z N E B
N Q V R I N O V U E S H M E
E N T R O P I A T B R G C C
K A R B U R A N T T K M G F
```

BATERI
KARBON
NAFTË
ELEKTRIKE
ELEKTRON
ENTROPIA
MJEDIS
KARBURANT
BENZINË
NXEHTËSIA

HIDROGJEN
INDUSTRIA
MOTOR
FOTON
NDOTJA
RINOVUESHME
AVULL
TURBINË
ERA

9 - Archeology

```
R E L I K E A A A E Q H O B
T L M I S T E R W X Y A B I
T I P I K E X J E J T R J X
O S S T U D I U E S E R E W
Q O Q E L L U P M E T U K H
F F K G J E T J E T Ë A T L
A R E D E M A S Z F R R E A
N E A D I E K E L U I I T S
A K V G D J C K P C M G Y H
L S T A M V O Y C O I O Q T
I P P X R E K F Q W K I B Ë
Z E C X E R N W H S Z Ë A S
A R N W H I I T Z S J D P I
N T I M I S Ë R E L V Z B A
```

ANALIZA	FOSILE
LASHTËSIA	FRAGMENTE
KOCKAT	MISTER
QYTETËRIMI	OBJEKTE
EPOKË	RELIKE
VLERËSIMI	STUDIUES
EKSPERT	EKIPI
GJETJET	TEMPULL
HARRUAR	VARRI

10 - Food #2

```
Q R A W D Q R A Ç Z A B P W
G S S F H E R N O Z V A R M
R E J V S R U G K W B N O O
U S T J T S S J O I R A S L
R F Q Q P H H I L X O N H L
I K I V I I N L X K E U Ë
U R I X E I T A A Y O O T K
H I R A F O E R T Z L U Ë I
Z X V A W N N J Ë D I J L U
N B M R K I F A V J F R B N
R N A H X L L Ë T A P J O W
D O M A T E K X S T V E Z Ë
Z G Q O J S O K K H S E P N
K Ë R P U D H A C Ë L U P A
```

MOLLË	PATËLLXHAN
ANGJINARJA	PESHK
BANANE	RRUSHIT
BROKOLI	PROSHUTË
SELINO	KIVI
DJATHË	KËRPUDHA
QERSHI	ORIZ
PULË	DOMATE
ÇOKOLLATË	GRURI
VEZË	KOS

11 - Chemistry

```
K W A L U K E L O M E P N P
L A M T O K L E H C N E A Y
K Ë T X O T Q B R G Z S P Q
A P N A L M S E U D I H S S
R P K G L Q I S C K M A P V
B I G Ë P I R K C W Ë Q P J
O U X H M M Z W E Y F B I O
N I T E R O M A H T R Ë B N
O R G A N I K E T O X Z X K
L O D Z W N E J G O R D I H
E L E K T R O N A Y R S G S
O K S I G J E N C Z C U A X
A L K A L I N E I E F T Z R
P W W X X O Z S D H O L E M
```

ACID	HIDROGJEN
ALKALINE	JON
ATOMIKE	LËNG
KARBON	MOLEKULA
KATALIZATOR	BËRTHAMORE
KLORI	ORGANIKE
ELEKTRON	OKSIGJEN
ENZIMË	KRIPË
GAZ	PESHA

12 - Music

```
K K Ë N G Ë T A R J A M R K
L M E L O D I F M H R I E O
A E K L E K T I K R I K G R
S T H C J E Z J D I W R J I
I N O M R A H T O T O O I D
K G Q P G X R N G M P F S H
E K I R I L K A V I E O T W
R Y P O E T I K E K R N R B
B I I E F C N I H E A C I M
V A T X T B O Z A W Y Q M U
Z P L Ë U Z M U B L A V I J
P P N A M V R M V O K A L F
P B A P D V A M U Z I K O R
V U X R R Ë H K Ë N D O N I
```

ALBUM
BALADË
KORI
KLASIKE
EKLEKTIK
HARMONIK
HARMONI
LIRIKE
MELODI
MIKROFON

MUZIKOR
MUZIKANT
OPERA
POETIKE
REGJISTRIMI
RITËM
RITMIKE
KËNDONI
KËNGËTARJA
VOKAL

13 - Family

```
G R U A J A B U R R I C X W
X R O H J E J W X T N F S A
Ë H M P K D S S T C Ë G K X
S Y A O D H S S O W N G P J
E W W X M J Q Ë A H Ë O V D
B B B R H A X H P H S Z H G
M A Y A V A I D A N Ë N A J
B B B H Ë G I R T V D U L Y
A Q T A L Q R A Ë A Ë V L S
T Q M N L P Ë A R J J P Ë H
D V V S A I H R O Z I L N J
V M C K E P S A R Ë M M A A
G J Y S H I U P E P Ë C Ë I
M O T Ë R N K T N R F D Q F
```

PARAARDHËS
HALLË
VËLLA
FËMIJË
FËMIJËRIA
KUSHËRI
VAJZË
BABA
GJYSHI
GJYSHJA

NIPI
BURRI
NËNËS
NËNA
MBESË
ATËRORE
MOTËR
XHAXHAI
GRUAJA

14 - Farm #1

```
T W A D K S M R G H P L J H
V I D I E O Y H Z Y G D A G
A G A R C R A M O G Z A W Z
F U S H A R A F K F R M Y A
O D X Q M Ë T L A J M G A V
I J B P S L Y Y M F F V W R
A B R C I U G P S V L R J S
E Y C O T P Z A C R W E Y U
B U J Q Ë S I A R V I Y I T
M S P W P M R H R D W F Q B
P T A U J I O Z D W H H M V
V F N N O Z I B W C H J X I
U A M E Ë T E L B P L E H Ç
I V M Q X M K A L Ë P O L I
```

BUJQËSIA	GARDH
BLETË	PLEH
BIZON	FUSHA
VIÇ	DHI
MACE	SANË
PULË	MJALTË
LOPË	KALË
SORRË	ORIZ
QEN	FARA
GOMAR	UJI

15 - Camping

```
G X W M I U Q H T K B L S Q
N A T Y R A Y G B K U I U I
D L S Q B Z R J L Y S Q L E
P Y L L L S Y U Y L U E B Z
A H A M A K T E L Q L N J H
N V Z J A R R T N Q L I O M
I F E O N A K I M A L R M I
B C L N K I N A P E M Ë T C
A I M I T Ë G R A L N L F E
K E E H T U K A F S H Ë T H
L V O Y A K R Ë D A Ç G C Ë
V F V Y M R A Ë L I T A R N
K A P E L Ë T I N S E K T A
M E J K J G M Ë A Z F H S U
```

AVENTURË	GJUETIA
KAFSHËT	INSEKT
KABINA	LIQENI
KANOE	HARTË
BUSULL	HËNA
ZJARR	MAL
PYLL	NATYRA
ARGËTIM	LITAR
HAMAK	ÇADËR
KAPELË	PEMËT

16 - Algebra

```
D  P  Ë  Z  D  A  M  P  N  U  M  Ë  R  A
I  A  S  G  V  I  I  I  R  O  T  K  A  F
V  F  E  J  A  N  A  R  X  O  A  E  U  W
I  U  Y  I  R  O  J  G  R  Y  B  D  E  Ë
Z  N  H  D  I  I  T  T  R  E  K  L  U  L
I  D  T  H  A  C  I  N  E  A  M  D  E  U
O  M  H  J  B  A  R  W  G  S  M  Ë  O  M
N  A  J  E  Ë  U  B  X  Q  C  Y  Ë  U  R
I  T  E  A  L  K  Z  S  H  T  I  M  I  O
D  R  S  I  G  E  R  A  E  N  I  L  Z  F
R  I  H  F  H  R  Q  B  Y  J  F  Z  E  B
O  C  T  N  E  N  O  P  S  K  E  X  R  E
X  Ë  O  K  L  L  A  P  A  X  E  Y  O  K
D  O  J  K  B  D  H  E  B  T  B  N  E  Y
```

SHTIMI	LINEARE
DIAGRAMË	MATRICË
DIVIZIONI	NUMËR
EKUACIONI	KLLAPA
EKSPONENT	PROBLEM
FAKTORI	THJESHTOJ
I RREMË	ZGJIDHJE
FORMULË	ZBRITJA
THYESË	VARIABËL
PAFUND	ZERO

17 - Spices

```
L I F A R A K S O C P P Y V
Q I M N O N I O D S V P K S
E Ë M B Ë L C X P L T F O P
B L M H U D H Ë R Ë G Q R E
J V A O J Y Y A U R R F I C
F F D A R U H D I H E E A I
J T W K D A A N I S E N N K
O L I F E H X N E H X U D U
Q E P Ë G R K R I P Ë G Ë Q
K H S Y M Ë R R A V J R R O
S H A F R A N I A O O E R W
K A R D A M O M E X R E K H
K A N E L L Ë N R Y Z K Y H
G V A N I L J E W V Q Q D R
```

ANISE	AROMË
E HIDHUR	HUDHËR
KARDAMOM	XHENXHEFIL
KANELLË	ARRËMYSHK
KARAFIL	QEPË
KORIANDËR	SPEC I KUQ
QIMNON	SHAFRAN
KERRI	KRIPË
KOPËR	E ËMBËL
FENUGREEK	VANILJE

18 - Universe

```
K F M Z O Q P U H X O G T A
S O R O K E E Q Ë I R J E S
O T Z K W G R C N O B E L T
L U D M I L H R A S I R E R
S K B U I F L H Ë N T Ë S O
T A B D R K K D Q S A S K N
I I D I O R E T S A I I O O
C D F E R O L L E I Q R P M
Z O E L H O R I Z O N T Ë I
L Z N L G A L A K T I K Ë M
Q Y G O R H E M I S F E R A
E R C R E E D U K S H M E H
N S C E A S T R O N O M Z Y
A T M O S F E R Ë Q I E L L
```

ASTEROIDI	HORIZONT
ASTRONOM	GJERËSI
ASTRONOMI	HËNA
ATMOSFERË	ORBITA
QIELLORE	QIELL
KOZMIKE	DIELLORE
ERRËSIRË	SOLSTIC
EON	TELESKOP
GALAKTIKË	E DUKSHME
HEMISFERA	ZODIAKUT

19 - Mammals

```
D W J F O L U J K U D L X E
F E P B A U G F F M A C E L
O K L S M A Y I Q M W M Z E
K S O F I N A S A A C M H F
S V K J I I M W D K B J Y A
R T A Q O N U M J A M W B N
B O L E R T I T S B B C M T
O A Ë Z I O Ë F A R I J G I
H P L A L L I R O G K L X N
R Ë B E Z O R O T S A K Q E
Z X U L N V U K R Z N D B B
L J Z E E A P D E M G D I B
Y G G D Q F E E W G U N C M
A R I U K O L Y N T R N Z Q
```

ARIU	GORILLA
KASTOR	KALË
DEM	KANGUR
MACE	LUANI
KOJOTË	MAJMUN
QEN	LEPURI
DELFIN	DELE
ELEFANTI	BALENA
FOKS	UJKU
GJIRAFË	ZEBËR

20 - Fishing

```
T C F S X U S V U S U L E T
S E R O H S E P Y N Y I A M
W Q N Q G P X O E P Q Q M I
U F I N S C O N V I T E P R
D G J I U M E R R A K N N E
R P A J I S J E T W O I N J
M M U D U R I M T Ë H S U G
R M T M L J R Y N K E V Z A
F Z A G R D P E G R G S R Z
O Z G S B I P L K A B G R K
P E S H A M U Z A V Q R W E
V W A L L U F O N Z A E Z Q
J F E X K L J J B Q H P E W
O Q E A N W I I S E Z O N R
```

KARREM	NOFULLA
SHPORTË	LIQENI
PLAZH	OQEAN
VARKË	DURIM
GATUAJ	LUMI
PAJISJE	PESHORE
EKZAGJERIM	SEZON
FINS	UJI
GUSHË	PESHA
GREP	TEL

21 - Bees

```
I  D  O  B  I  S  H  Ë  M  D  N  Z  Y  J
M  Y  T  V  R  O  T  A  N  I  L  L  O  P
E  M  J  A  L  T  Ë  F  M  E  E  F  J  L
T  U  D  M  T  M  M  R  O  L  Ç  O  P  Y
S  B  J  I  B  I  A  U  Q  L  F  O  Z  M
I  L  B  Z  V  R  B  T  K  E  S  N  I  V
S  A  B  U  H  E  E  A  Q  L  C  E  K  L
O  I  I  M  P  J  R  T  W  F  D  L  O  S
K  Z  I  Q  Q  L  B  S  Ë  K  T  O  P  P
E  U  S  H  Q  I  M  I  I  R  J  P  S  C
H  A  B  I  T  A  T  L  M  T  E  C  H  F
L  U  L  E  M  V  Y  L  F  Ë  E  S  T  B
X  G  J  M  J  D  T  Y  J  X  T  T  H  X
K  O  S  H  E  R  E  D  U  Q  R  A  I  A
```

I DOBISHËM	MJALTË
ÇEL	INSEKT
DIVERSITETI	BIMËT
EKOSISTEMI	POLEN
LULE	POLLINATOR
USHQIM	MBRETËRESHA
FRUTA	TYM
KOPSHT	DIELL
HABITAT	MUZI
KOSHERE	DYLLI

22 - Photography

```
E C T O N L R B D K K F K U
R K I E H G G R J K O O A Ë
R O E L F R J W G A N R M V
Ë R K J Ë F F Y C J T M E I
S N S E Z S I Q R R R A R T
I I P T E R I A J Ë A T A K
R Z O U Z U Y N R B S Y V E
Ë A Z B E U J T E R T R O P
Z M I Z I F U K R Ë P L L S
B L T K E J B O K P C I X R
Q O A E J M A P Z P M V N E
A V O X J S U B J E K T V P
L T A B I I M I Ç I R D N G
D Y V R M C H V I Z U A L E
```

E ZEZË	NDRIÇIMI
KAMERA	OBJEKT
NGJYRË	PERSPEKTIVË
PËRBËRJA	PORTRET
KONTRAST	HIJET
ERRËSIRË	ZBUTE
PËRKUFIZIM	SUBJEKT
EKSPOZITA	CILËSI
FORMAT	PAMJE
KORNIZA	VIZUALE

23 - Adventure

```
A  S  F  I  D  A  T  B  G  R  M  E  V  B
K  S  M  U  C  Y  M  M  E  F  E  S  E  G
T  I  M  Z  A  I  Z  U  T  N  E  E  E  P
I  G  M  I  Q  H  I  S  Ë  D  N  U  M  P
V  U  I  S  I  F  R  R  V  L  O  S  H  Ë
I  R  U  K  U  B  Ë  U  I  X  I  A  S  R
T  I  G  A  H  N  M  V  R  K  S  F  K  G
E  A  D  Ë  D  E  I  H  A  U  R  E  I  A
T  A  V  V  Z  H  R  N  R  S  U  B  Z  T
I  E  I  B  Y  I  T  P  E  R  K  K  E  I
N  A  T  Y  R  A  M  R  N  N  S  M  R  T
L  M  U  H  M  F  Z  K  I  E  K  T  R  J
I  N  O  I  C  A  N  I  T  S  E  D  E  A
H  U  V  R  I  S  Ë  R  I  T  H  S  Ë  V
```

AKTIVITETI	EKSKURSION
BUKURI	MIQ
TRIMËRI	ITINERARI
SFIDAT	GËZIM
MUNDËSI	NATYRA
E RREZIKSHME	I RI
DESTINACIONI	PËRGATITJA
VËSHTIRËSI	SIGURIA
ENTUZIAZMI	BEFASUESE

24 - Sport

```
M A H W K L N S V T Q M P V
F U F G M R T P R Ë Ë A R A
X O S T G A N O A U L X O L
G C R K Ë N U R P S L I G L
Y W Y C U S D T I H I M R Ë
S S A R Ë J I E M Q M I A Z
D I E T Ë X T T R Y I Z M I
S H Ë N D E T I M E F O I M
K O C K A T E P N R Q R I I
N L Z G F H L U X I D F X A
R E N J A R T R Q T X W W O
W T S U H Y A T A Q K K L Y
Q Ë N D R U E S H M Ë R I W
M E T A B O L I K E J X Q Y
```

AFTËSI	SHËNDETI
ATLET	VRAPIM
TRUPI	MAXIMIZO
KOCKAT	METABOLIKE
TRAJNER	MUSKUJT
VALLËZIMI	TË USHQYERIT
DIETË	PROGRAMI
QËNDRUESHMËRI	SPORTET
QËLLIMI	FORCË

25 - Circus

```
L E E L E M A R A K V X S V
R H R K A C I J G A M H P L
O I A I Ë W T P L F A O E J
X F T L L D N L Q S R N K A
K O S T U M A D P H G G T S
T A I G U Q F R S Ë Ë L A P
A I J I H B E B A T T E K E
B N G D C A L M O P O R O K
O A A Ë M L E Ç A Q J J L T
R U M N R O Q A N J Ë G A A
C L J T T N B D V C M I R T
A T J L K A A Ë X V N U E O
T R E G O J V R H J N L N R
M U Z I K A M A S H T R I M
```

ACROBAT	MAGJISTAR
KAFSHËT	MAJMUN
BALONA	MUZIKA
KARAMELE	PARADË
KOSTUM	TREGOJ
ELEFANTI	SPEKTAKOLARE
ARGËTOJË	SPEKTATOR
XHONGLER	ÇADËR
LUANI	TIGËR
MAGJI	MASHTRIM

26 - Restaurant #2

```
Y I K H S E P D N J O T A F
L C F A Z Ë R E D R E K Ë E
L U T E M I R E P K R I P Ë
U N G C J A Q W S U P Ë N T
K N F Ë Ë T R O T U V Z B A
A K R A D L N I J U Z E S L
K Q U I W P W B E T D V O L
P I R U N K K Z L R S C Z A
I E L P F D A S F R U T A S
E Z W X F M N R W E K A H K
X X Y N T H H N R M B E P V
E S H I J S H M E I E Q I G
I C P N H V C L N E G I J D
P E T Ë Z J B Q Z C B E E U
```

PIJE	DREKË
TORTË	PETË
KARRIGE	SALLATË
E SHIJSHME	KRIPË
DARKA	SUPË
VEZË	ERËZA
PESHK	LUGË
PIRUN	PERIMET
FRUTA	KAMARIER
AKULL	UJI

27 - Geology

```
V U L L K A N S B M M C S E
K A L C I U M T W H P K H R
I S E M Z Ë J A L L P R P O
B W P F F V S L G V V I E Z
M I O V O F D A Z E O P L I
K J K V S B O K X R J Ë L O
Q O W T I V N T V N S Z Ë N
C E N Y L U K I L A V A E I
C P R T E A A T K O R A L R
R V U G I S H T R E S Ë U F
A O T U E N T Ë R M E T V T
U C J R R Z E L A T S I R K
K K I G D K S N B X T Q D W
Y S U D W B I Q T E L K I C
```

ACID	GEJZER
KALCIUM	LAVA
SHPELLË	SHTRESË
KONTINENT	PLLAJË
KORAL	KUARC
KRISTALE	KRIPË
CIKLET	STALAKTIT
TËRMET	GUR
EROZIONI	VULLKAN
FOSILE	

28 - House

```
K O P S H T K F S H E S Ë U
S H G N S J R N G C G E K E
C H Z T U O D R I T A R E K
H I Z B D M X O F O E W N Ç
Q Y Z H X D U H D R A G P E
S M Y Z B Q F R A R E D A L
P A P A F I N G O K D P S Ë
N L R R I R H S P C R U Q S
K U P A I A W Y M U E W Y A
H A J G R R Z W W A P Y R T
R M T J J B U Ç A T I H Ë U
P N D I W I R L I D H O M Ë
T C K E J L I B O M H J O N
L L A M B Ë K U Z H I N A X
```

PAPAFINGO	ÇELËSAT
FSHESË	KUZHINA
PERDE	LLAMBË
DERA	LIBRARI
GARDH	PASQYRË
OXHAK	ÇATI
KATI	DHOMË
MOBILJE	DUSH
GARAZH	MUR
KOPSHT	DRITARE

29 - Physics

```
M H X Y A C N E U K E R F M
E U B X T A P K I E R O P A
K K N S O L Ë I S L V T Ë G
A R A I M U L M W E N O R N
N A S O V K U I C K G M S E
I P A E S E M K P T R J H T
K S M R N L R A K R I N P I
A B N L P O O S Z O M J E Z
W Q U Y L M F G A N C O J M
D E N D Ë S I A A L Ë I T I
S H P E J T Ë S I Z E B I K
B Ë R T H A M O R E C M M O
R E L A T I V I T E T I I L
S H P E J T Ë S I A P I B K
```

PËRSHPEJTIMI	MAGNETIZMI
ATOM	MASA
KAOS	MEKANIKA
KIMIKE	MOLEKULA
DENDËSIA	BËRTHAMORE
ELEKTRON	GRIMCË
MOTOR	RELATIVITETI
FORMULË	SHPEJTËSI
FREKUENCA	UNIVERSALE
GAZ	SHPEJTËSIA

30 - Colors

```
V K M X W U E E E Y I I O U
I A X E L P S R F X Z C I J
O F I K G E M U O G I D N I
L E Q Q A Q B Z F Z N D N S
E Z E J B U N A Y C Ë P V T
T I L L A K O T R O P D Q Y
Ë Z O J C E R D Z D S I M I
V U B U Q B S U L B H J A C
N W X Z T G S E P I A Ë G N
Y R J E T R Ë H D R E V E C
Q H Z L A E E Y J G U P N M
F U K S I A B K Z I Y P T J
V J O L L C Ë Z E Z E U A L
E G J E L B Ë R V Z Q I W L
```

AZURE	INDIGO
BJEZE	MAGENTA
E ZEZË	PORTOKALLI
BLU	ROZË
KAFE	VJOLLCË
PURPUR	E KUQE
CYAN	SEPIA
FUKSIA	VIOLETË
E GJELBËR	E BARDHË
GRI	E VERDHË

31 - Shapes

```
K M P Q I X Z K T B K A P J
A N N O O V A L E S U D N W
C S S X L Y D D J H R I O Ë
S I Z J H I P P A E V M K R
P R I Z Ë M G U K S E A H E
I L I N J Ë Y O S H W R I F
L W R J S F D Q N I L I P S
E K P C G O A K O I P P E R
H Z K N R H L P W S O H R C
F U S L E A K U B E H T B G
W P J S J R X M T A L E O Z
C R V T Q K G V U X O R L S
L C I L I N D R I Z I R A U
Y D D R E J T K Ë N D Ë S H
```

HARK
RRETH
KON
QOSHE
KUBE
KURVE
CILINDRI
SKAJET
ELIPS
HIPERBOLA

LINJË
OVALE
POLIGONI
PRIZËM
PIRAMIDA
DREJTKËNDËSH
ANË
SFERË
SHESHI

32 - Scientific Disciplines

```
B O T A N I K Ë U I J A Q L
E W N K A L P V G J J Z I A
B K A I I R D F B G G B R F
X V I J I M A I M O T A N A
E L J G J I I E O L G P F R
Y Y G O G J X A V O J S B K
E K O L O G J I A I U I N E
T V L O L O F J K C H K B O
U G A R O L Y G I O Ë O I L
F G R U I O E O N S S L O O
T Y E E Z N K L A P I O K G
M B N N I U C O K X O G I J
L K I Z F M E I E I X J M I
A K M L H I X B M S N I I A
```

ANATOMIA
ARKEOLOGJIA
BIOKIMI
BIOLOGJI
BOTANIKË
KIMIA
EKOLOGJIA
IMUNOLOGJI

GJUHËSI
MEKANIKA
MINERALOGJIA
NEUROLOGJI
FIZIOLOGJI
PSIKOLOGJI
SOCIOLOGJI

33 - Science

```
A  N  Ë  H  D  Ë  T  A  C  M  I  R  G  I
L  T  R  H  M  O  L  E  K  U  L  A  T  F
O  E  O  I  K  F  H  X  R  L  Y  Z  N  A
R  L  T  M  I  K  I  I  U  Y  U  E  E  K
G  A  A  M  N  M  L  Z  L  F  E  T  M  T
A  R  R  E  O  Z  F  I  I  O  G  O  I  Ë
N  E  O  T  I  F  P  S  M  K  O  P  R  M
I  N  B  O  C  C  G  V  A  A  A  I  E  I
Z  I  A  D  U  N  A  T  Y  R  A  H  P  B
Ë  M  L  A  L  N  J  F  M  O  O  H  S  T
M  R  P  G  O  F  O  S  I  L  E  T  K  F
B  G  R  A  V  I  T  E  T  I  M  H  E  V
T  B  P  B  E  K  I  M  I  K  U  D  W  H
X  F  P  S  S  H  K  E  N  C  Ë  T  A  R
```

ATOM	LABORATOR
KIMIKE	METODA
KLIMA	MINERALET
TË DHËNA	MOLEKULAT
EVOLUCIONI	NATYRA
EKSPERIMENT	ORGANIZËM
FAKT	GRIMCAT
FOSILE	FIZIKA
GRAVITETI	BIMËT
HIPOTEZA	SHKENCËTAR

34 - To Fill

```
V H Q D Z Y E M K G Ë U C V
Ç A K A B A T T U G V R J A
A D L E R S R Ë T R O P H S
N O P I E P C F I A K Y S K
T S A N X X H E P J E G H Ë
Ë J K O Y H T M R P K Y I K
G E O T Z G E F U Ç I Q S R
L L P R A T R I S Q A J H A
L E R A J V U H A N T Z E Q
O K G K H A G X S P G V L I
G O V E N Z W M H U B I P E
F A X O N O M O Y F V C B Q
B X T S D E C M L L I D Z G
O X F G O M G B D G A C K F
```

ÇANTË	ZARF
FUÇI	DOSJE
LEGEN	JAR
SHPORTË	PAKO
SHISHE	XHEP
KUTI	VALIXHE
KOVË	TABAKA
KARTONI	VASKË
ARKË	GYP
SIRTAR	VAZO

35 - Clothes

```
O M S M T I Z V P I R R K L
U O H B R A E L A D N A S D
W D A A I I E O N U T N C B
B A L T K T F O T L L A P I
Z L L H O K P G A V B P I Z
Q P U S O T E O L E T L K H
K D M Z B A Q K L S Ë A G U
D P F J Ë Y F F O H H T R T
D O R E Z A Z U N J S F S E
K A P E L Ë S Y A E I O E R
X H A K E T Ë K L L M R I I
Q T G X H I N S A Y Ë M F O
K O P I Z H A M A J K Ë E V
Q U X Z T H J M K C U U I E
```

PLATFORMË	XHINS
RRIP	BIZHUTERI
BLUZË	PIZHAMA
BYZYLYK	PANTALLONA
PALLTO	SANDALE
VESHJE	SHALL
MODA	KËMISHË
DOREZA	MBATH
KAPELË	SKAJ
XHAKETË	TRIKO

36 - Ethics

```
R A C I O N A L I T E T I R
A L T R U I Z M I I J I D H
U R T Ë S I T T D M I R U D
M P I I M Z I L A E R K E I
Ë C N A R E L O T R M F A N
Z E M H S E Y S R A E I V J
I N T E G R I T E T I L E I
M D A S H A M I R Ë S O V T
I M I Z Ë R E J N G R Z H E
T M I R Ë S I N R C Q O V T
P D H E M B S H U R I F B S
O X E K I T A M O L P I D R
N D E R S H M Ë R I A D X D
I U B A S H K Ë P U N I M I
```

ALTRUIZMI	OPTIMIZËM
DASHAMIRËS	DURIM
DHEMBSHURI	FILOZOFI
BASHKËPUNIMI	RACIONALITETI
DINJITET	REALIZMI
DIPLOMATIKE	E ARSYESHME
NDERSHMËRIA	TOLERANCË
NJERËZIMI	VLERAT
INTEGRITETI	URTËSI
MIRËSI	

37 - Insects

```
B Y C H K B R Ë Z I H G X M
K Q S O E A D A C I C B E A
K A W Z P V R W T G R T M N
Z R C F L R U K B L E T Ë T
J J I A U A T O A B F S L I
I J R M B L U Ë R L G J O S
C N Y F B U L N C Ë E I M Z
E N F R K I F O X S L C R B
L A D Y B U G G R E N Z Ë A
A T I M R E T N B V H F H R
K T H S E L P I E I T Y U K
R X P U B O V L F L S I H J
A E A H Z C X I I I W T O B
K E E A U J K M J P D Y Z E
```

MILINGONË   BRËZI
APHID   LADYBUG
BLETË   LARVA
FLUTUR   KARKALECI
CICADA   MANTIS
KACABU   MOLË
PILIVESË   TERMIT
PLESHT   GRENZË
KARKALEC   KRIMBI

38 - Astronomy

```
S  P  I  L  K  E  P  B  K  G  R  J  I  P
G  U  A  J  A  N  L  L  U  G  E  J  M  L
X  A  P  O  B  E  A  H  K  U  J  Q  I  O
I  L  L  E  I  Q  N  Z  Ë  U  E  C  T  J
E  T  S  A  R  F  E  C  Y  N  B  A  A  Ë
Q  H  K  Q  K  N  T  O  N  U  A  S  Z  S
R  T  O  K  A  T  O  R  E  Y  E  T  E  I
K  Q  R  B  P  Q  I  V  Y  R  S  R  R  S
K  O  Z  M  O  S  I  K  A  D  J  O  R  A
Q  R  A  K  E  T  Ë  J  Ë  P  Y  N  O  T
A  S  T  R  O  N  A  U  T  N  R  O  I  E
O  B  S  E  R  V  A  T  O  R  I  M  I  L
E  K  U  I  N  O  K  S  I  Z  H  P  V  I
S  Z  M  E  T  E  O  R  S  F  W  M  W  T
```

ASTRONAUT	HËNA
ASTRONOM	MJEGULLNAJA
PLOJËSI	OBSERVATORI
KOZMOSI	PLANET
TOKA	RREZATIMI
EKLIPS	RAKETË
EKUINOKSI	SATELIT
GALAKTIKË	QIELL
METEOR	SUPERNOVA

39 - Health and Wellness #2

```
S G J E N E T I K A A K G D
P H I N F E K S I O N I J E
I R A M E M C U F P E R A H
T A B I E N K B N E I O K I
A N L R J H E P B S J L G D
L I I Ë D G O R V H G A K R
J M C H N X R R G A I K V A
R A M S U P J E E J H M K T
H T K J M L P I L K I I H I
D I E T Ë R E H Z A S A M M
T V W I S E R T S S N I Y A
T Ë U S H Q Y E R I T U E F
I S H Ë N D E T S H Ë M S P
U E N T N A N A T O M I A M
```

ALERGJIA
ANATOMIA
OREKSI
GJAK
KALORI
DEHIDRATIM
DIETË
SËMUNDJE
ENERGJI
GJENETIKA

I SHËNDETSHËM
SPITAL
HIGJIENA
INFEKSIONI
MASAZH
TË USHQYERIT
SHËRIM
STRESI
VITAMINA
PESHA

40 - Time

```
O  U  G  S  F  F  O  J  A  U  M  Y  C  O
A  R  W  F  A  Y  F  A  T  O  S  G  R  T
T  Q  Ë  M  S  L  S  V  A  Z  F  W  E  E
E  B  C  Y  U  Ë  T  A  N  E  L  P  T  M
L  H  S  I  T  I  V  F  I  X  K  E  U  J
V  J  E  T  O  R  Ë  T  I  D  S  E  M  Y
A  S  J  J  Ë  B  P  U  O  B  I  I  B  A
M  H  D  E  T  R  W  J  U  F  R  T  V  K
D  E  P  P  U  S  E  J  G  N  Ë  M  A  N
J  K  A  H  N  E  D  H  T  G  B  S  D  U
D  U  R  S  I  U  A  J  M  H  D  R  A  E
Z  L  A  Ë  M  P  K  A  N  N  V  N  H  M
P  L  D  S  K  O  E  M  D  M  B  Y  X  P
O  I  A  Q  R  A  D  N  E  L  A  K  Q  W
```

VJETOR	MUAJ
PARA	MËNGJES
KALENDAR	NATË
SHEKULLI	MESDITË
DITA	TANI
DEKADE	SË SHPEJTI
HERËT	SOT
E ARDHMJA	JAVA
ORË	VITI
MINUTË	DJE

41 - Buildings

```
M B L E K Y D K M M U Z E M
K Ë S H T J E L L A Z Y D D
Ç A D Ë R X W W F E R M Ë A
A C P H U L G R X C S K Z O
T E K R A M R E P U S X D B
A Y K D M M I M U I D A T S
M K U E E T B Q S E Z U L E
B A L T N E M A T R A P A R
A B L J I V O I R T A E T V
S I Ë A K F A B R I K Ë I A
A N P M C V S H O T E L P T
D A L L O K H S R L M M S O
A L A B O R A T O R D L N R
U N I V E R S I T E T I V I
```

APARTAMENT
HAMBAR
KABINA
KËSHTJELLA
KINEMA
AMBASADA
FABRIKË
FERMË
SPITAL
HOTEL

LABORATOR
MUZE
OBSERVATORI
SHKOLLA
STADIUMI
SUPERMARKET
ÇADËR
TEATRI
KULLË
UNIVERSITETI

42 - Philanthropy

```
O I T E T I N U M O K I I V
G V O S P X T E P U R G G B
H I S T O R I S V D I G Z F
U T I Z Ë R E J N O H N A F
B A M I R Ë S I F F J U I C
M F I Z C K V G O L A A R R
I Ë Z K O N T A K T E T Ë O
S M Ë I X K A E V Z W I M P
I I R L I O D Y D Y A V H B
O J E B O Q I P Z N A M S U
N Ë J U O F W U A O I R J
I A N P D Y S V J M N F E A
F I N A N C A I N I R W D R
P R O G R A M E T E X M N I
```

SFIDAT	GRUPET
BAMIRËSI	HISTORI
FËMIJË	NDERSHMËRIA
KOMUNITETI	NJERËZIMI
KONTAKTET	MISIONI
DHURO	NEVOJA
FINANCA	NJERËZIT
FONDET	PROGRAMET
BUJARI	PUBLIK
GOLA	RINIA

43 - Gardening

```
R D O N H K Z E D T W W X L
B J N T I I A B V G O Q L J
I O X H G I D N T V H D I Y
G Ç T S E L U L B U Q E T Ë
J O K A Ë P E M I S H T E T
E R L R N S E Z O N A L E O
T A I H E I L L Q N Y N K K
H P M E H N K L H D O F I Ë
P E A L U J I U O L G A T S
Ç L O P F L E T Ë J M R O Z
A E P I S L L Ë K U E A Z C
T G L L A G Ë S H T I T K N
N G R Ë N S H Ë M Q R W E I
J U N K Z W M O O L M A K K
```

ÇEL
BOTANIK
BUQETË
KLIMA
PLEHRASH
ENË
PISLLËKU
NGRËNSHËM
EKZOTIKE
LULES

GJETH
ÇORAPE
FLETË
LAGËSHTI
PEMISHTE
SEZONALE
FARA
TOKËS
LLOJET
UJI

44 - Herbalism

```
B G I H V R O Z M A R I N Ë
P Ë R B Ë R Ë S Y I W U J M
B O Ë Ë M I B L V D Y S X O
F T H S P O K X T O Z R T R
V L D D X O N S U B I K H A
Z U U R U D K H M I T O Z H
Y T H A H N G A I S Ë L I C
L V M G O A O F R H A I J I
K U K U W V P R A Ë C Z K K
A F L A E I O A N M D R D V
D T V E V L Y N I P T O R W
E G J E L B Ë R L Y J B V F
N E N E X H I K U R I G O N
M A J D A N O Z K P V Z L Z
```

I DOBISHËM	BORZILOK
KULINARI	NENEXHIK
KOPËR	RIGON
AROMË	MAJDANOZ
LULE	BIMË
KOPSHT	CILËSIA
HUDHËR	ROZMARINË
E GJELBËR	SHAFRAN
PËRBËRËS	DRAGUA
LIVANDO	

45 - Vehicles

```
V F K M J B M Z I N T V R C
G U N A L P O R E A A A A M
I H V K M T E G A R T R K V
G N S I E P O E E N Q K E U
A O O N T G R S S Y I Ë T R
C I M A R P E O Ë S B J Ë E
N M E A O K T I T E B D E T
A A D P U N U S E K V O K P
L K V B E W K K D E A B A O
U B W L D L S A N A V R A K
B I Ç I K L E T Ë R L O T I
M A U T O B U S N A O T C L
A M B Y E A L T V F J O D E
G N F Y Z M I A V T M M B H
```

AEROPLAN	RAFT
AMBULANCA	RAKETË
BIÇIKLETË	SKUTER
VARKË	ANIJE
AUTOBUS	NËNDETËSE
MAKINA	METRO
KARVAN	TAKSI
TRAGET	GOMA
HELIKOPTER	TRAKTOR
MOTOR	KAMION

46 - Flowers

```
O H T O L U L Ë K U Q E X D
Y V U R L I V A N D O K P A
Q W L K H I B I S C U S P F
J Y E I L I F R Ë T N A N F
A M P D C A L E N D U L A O
S Z A E B U Q E T Ë E G V D
E T A G D P L U M E R I A I
M E U M N S V T G D U Z G L
I P M Y B O X J M A H N R G
N Y E W J A L D O I Z E A N
I V Y T X T K I C S O B J N
Z A A P A X E R A Y B G K X
I M T S I L L E I D E L U L
A L U L E R A D H I Q E G G
```

BUQETË

CALENDULA

TËRFILI

DAFFODIL

DAISY

LULERADHIQE

HIBISCUS

JASEMINI

LIVANDO

JARGAVAN

ZAMBAK

MAGNOLIA

ORKIDE

BOZHURE

PETAL

PLUMERIA

LULËKUQE

LULEDIELLI

TULEP

47 - Health and Wellness #1

```
B C V D A L A R T Ë S I A T
M A U V O F A R M A C I I R
U M K J S K O F X Ç R W P A
S V I T K A T R S L Q V A J
K O H A E I A O Ë O F V R T
U J F K L R W D R D R H E I
J R A C F X E Y U H A O T M
T E I O E H M T K J K R V I
N V S K R Z J S Ë E T M V C
O E U R I A E S L V U O Y B
K T R B Z D K E U X R N Y J
A N I V F J Ë O P Y Ë E V E
Z V V P A I S Z X R I T O P
Z Y M M T T I K L I N I K A
```

AKTIV	MJEKËSI
BAKTERET	MUSKUJT
KOCKAT	NERVAT
KLINIKA	FARMACI
DOKTOR	REFLEKS
FRAKTURË	ÇLODHJE
ZAKON	LËKURËS
LARTËSIA	TERAPIA
HORMONET	TRAJTIMI
URIA	VIRUSI

48 - Town

```
T H O T E L S K U O Z N R D
I R T A E T T A S X E Q S Y
T R E J K L A F E R I L I Q
E S Z G R E D E T Y R U E A
I U U B U Y I R E L A G R N
F W M F F D U T F L R O E T
L K E H K W M A B Z B C S E
N F Z B S W I O U X I I T K
N D C N O S H K O L L A O L
L U L E S H I T Ë S H G R I
F A R M A C I O H K X U A N
A E R O P O R T D R N H N I
V N H K C K I N E M A A T K
S U P E R M A R K E T J B A
```

AEROPORT	TREGU
FURKE	MUZE
BANKË	FARMACI
KAFE	RESTORANT
KINEMA	SHKOLLA
KLINIKA	STADIUMI
LULESHITËS	DYQAN
GALERI	SUPERMARKET
HOTEL	TEATRI
LIBRARI	

49 - Antarctica

```
M  Z  S  T  U  D  I  U  E  S  G  B  I  L
D  I  O  R  U  A  J  T  J  E  J  K  S  T
H  Z  G  G  B  P  F  J  U  N  I  O  H  B
F  F  D  R  J  E  T  C  B  F  W  A  U  J
T  N  E  N  I  T  N  O  K  W  T  N  J  Z
W  N  B  F  D  M  Ë  G  B  H  A  W  T  X
E  L  E  G  Ë  T  I  D  E  P  S  K  E  N
G  L  S  A  R  U  T  A  R  E  P  M  E  T
Z  U  T  W  E  R  O  C  N  E  K  H  S  M
A  K  U  L  L  N  A  J  A  T  T  V  Z  J
G  A  D  I  S  H  U  L  L  X  X  Ë  T  E
T  O  P  O  G  R  A  F  I  A  I  U  D  D
A  R  O  Q  L  X  R  O  K  I  X  G  D  I
S  G  J  E  O  G  R  A  F  I  U  J  I  S
```

GJI	AKULL
ZOGJTË	ISHUJT
RETË	MIGRIMI
RUAJTJE	GADISHULL
KONTINENT	STUDIUES
LIB	ROKI
MJEDIS	SHKENCORE
EKSPEDITË	TEMPERATURA
GJEOGRAFI	TOPOGRAFIA
AKULLNAJAT	UJI

50 - Ballet

```
I K A U D I E N C Ë K G R B
N Ë P R A K T I K Ë O E I A
T R T E K N I K Ë X M O T L
E C Q W I L I T S Y P D Ë E
N I I F A R G O E R O K M R
S M G S U L K X K M Z C D I
I T H J G V D P I Ë I I J N
T A G W E X R C T H T S Y A
E R U R L S Q Q S S O M Ë G
T Ë S O Q T T K I D R U O M
I S Ë T F A G Q T N K Z N X
O R K E S T Ë R R Ë C I D P
M U S K U J T U A K L K L O
S H P R E H Ë S E K X A Q U
```

ARTISTIKE
AUDIENCË
BALERINA
KOREOGRAFI
KOMPOZITOR
KËRCIMTARË
SHPREHËSE
GJEST
KËNDSHËM
INTENSITETI

MËSIMET
MUSKUJT
MUZIKA
ORKESTËR
PRAKTIKË
RITËM
AFTËSI
STILI
TEKNIKË

51 - Fashion

```
M E R B U T I K V Y Z Ë P Q
O T L E D O M V C E L R F G
D J M E H E B M I E S U H G
E N I J G A R R L T O H T I
R E N S M A T X Ë H R L J G
N K I I O L N T S J I Ë B E
E H M D D L A T I E G P U K
J S A N E E G E E S J C T I
R L L Ë S T S J M H I L O T
I W I Q T N T T D T N K N K
R O S R B A I A C Ë A D A A
P D T M Y D L M D N L A T R
I Y T W I X I J L G O F M P
T F L L L F I J L Y N H R Q
```

BUTIK
BUTONAT
VESHJE
REHAT
ELEGANTE
QËNDISJE
SHKENJTE
PËLHURË
DANTELLA
MATJET

MINIMALIST
MODERNE
MODEST
ORIGJINAL
MODEL
PRAKTIKE
E THJESHTË
STILI
CILËSI
PRIRJE

52 - Human Body

```
K O K Ë C G J U S F H N G Y
V T A K C O K V I U C O D F
M J E K Ë R Q Y X S P F O Y
T N C Z G J A K Ç Ë W U R T
Q W D D U T F J S R K L Ë Y
H U N D Ë Y V B N U I L F R
D H K T R U R I J K L A A A
P A T S U O G K M Ë N O Q B
L M L T C R U M D L A Y X B
K Ë M B Ë P A G M H S V A O
R G I S H T I O V W N R I V
G A L G Y S V J G C N E B V
B Ë R R Y L E A R M E Z G Q
J P T P U R O V T R J I O M
```

KYÇRI	KOKË
GJAK	ZEMRA
KOCKAT	NOFULLA
TRURI	GJU
MJEKËR	KËMBË
VESH	GOJA
BËRRYL	QAFË
FYTYRA	HUNDË
GISHTI	SUP
DORË	LËKURËS

53 - Musical Instruments

```
V S M F E D H A T V F Y K T
I Z A N U W F A U Q L H L R
O P N B I W K Y R K A U A U
L X D M K H I K F P U N R M
O G O N A I P D B O T I I B
N E L L U A D D A J R E N E
Ç J I F A G E G T S B F E T
E T N O B M O R T A W J T Ë
L I Ë R A T I K A K A T Ë D
I D M A R I M B A S N F Y B
I O Q D I Ë K I N O M R A H
O G V I O L I N Ë F G O N G
O B O E U Z K F A O J N A B
H X Q S G H C D X N R V A Q
```

BANJO	MANDOLINË
FAGEG	MARIMBA
VIOLONÇEL	OBOE
KLARINETË	GODITJE
DAULLE	PIANO
FLAUT	SAKSOFON
GONG	DAJRE
KITARË	TROMBON
HARMONIKË	TRUMBETË
HARP	VIOLINË

54 - Fruit

```
D U J H W X A P P M N W Z G
B A N A N E V N O J O F Q A
K M T S O L O E R P D L E E
P O B F M Y K K T Y C M L I
Z A K V I E A T O A M J M Ë
G I P O L W D A K N W E F L
Y Z H A S C O R A A F D D Z
Q B N P J I O I L N F Ë Q P
K K R H L A X N L A I R D J
I D A R D H Ë Ë I S G K B E
V M A N G O R R U S H I T S
I K A J S I G V G U A V A H
P J E P Ë R Q E R S H I L K
P V R Z K B M T D A G N H Ë
```

MOLLË	LIMON
KAJSI	MANGO
AVOKADO	PJEPËR
BANANE	NEKTARINË
QERSHI	PORTOKALLI
KOKOSI	PAPAJA
FIG	PJESHKË
RRUSHIT	DARDHË
GUAVA	ANANAS
KIVI	MJEDËR

55 - Engineering

```
S  W  O  S  O  L  A  F  K  L  L  L  F  D
C  I  M  I  T  R  Ë  D  N  M  E  P  R  I
I  A  I  V  U  I  C  N  R  A  S  V  X  A
M  N  J  E  C  U  R  Ë  G  T  Y  B  A  G
O  L  G  J  Z  W  O  K  S  J  B  E  U  R
T  L  R  R  V  V  F  V  Y  A  I  J  I  A
O  O  E  A  A  T  H  E  L  L  Ë  S  I  M
R  G  N  D  D  N  J  E  Q  M  T  E  S  Ë
D  A  E  N  L  M  A  E  C  V  F  T  K  N
P  R  X  R  T  Z  A  Z  U  H  A  H  A  I
H  I  H  Ë  P  F  U  V  H  A  N  S  E  K
V  T  D  P  G  H  X  G  N  E  B  G  A  A
C  J  A  H  N  C  Q  R  U  Y  T  N  U  M
F  A  X  S  D  I  A  M  E  T  R  I  E  V
```

KËND   ENERGJI
AKSI   INGRANAZHET
LLOGARITJA   LEVA
NDËRTIMI   LËNG
THELLËSI   MAKINË
DIAGRAMË   MATJA
DIAMETRI   MOTOR
NAFTË   SHTESJE
SHPËRNDARJE   FORCË

56 - Government

```
U D I S K U T I M O P T M S
P D K O M B I J W N A Ë V I
A D H O P Y A G U N V F Q M
Q E R Ë I I R I L D A O S B
Ë L X W H T E L U R R L B O
S I R A T E T Y Q E Ë U A L
O V E W J T Q H H J S R R P
R I K U F H H Ë B T I I A O
E C U C B S F Y S Ë A T Z L
N V E M I T J A P S O M I I
D E M O K R A C I I K V O T
K U S H T E T U T A K A Q I
G J Y Q Ë S O R M Z Z Y G K
C V G M O N U M E N T K Y A
```

QYTETARI	LIGJI
CIVILE	UDHËHEQËS
KUSHTETUTA	LIRI
DEMOKRACI	MONUMENT
DISKUTIM	KOMBI
MOSPAJTIME	PAQËSORE
BARAZI	POLITIKA
PAVARËSIA	TË FOLURIT
GJYQËSOR	SHTETI
DREJTËSI	SIMBOL

57 - Art Supplies

```
R E U A D M B G Z C S P K N
Y P T C R F G O Y A U J I G
G C Y R M G E V J D E Y G J
B L T U O N J L B Ë L T S Y
F S P F H M K I L I R K A R
K Ë M B A L E C L L K A U A
L A E D W I D H S Ë T L T T
A P V W L W I K R I K E K A
P V Q H X K A M E R A T A E
S Ë T I J G N L E M N Ë R P
A D J N A G V U E I I R R E
J L Y G Z O A T E B E U I L
B O J Ë S M J S J T A I G L
E N O T E Ë A O U X N T E F
```

AKRILIK
FURCA
KAMERA
KARRIGE
ARGJILË
NGJYRAT
KËMBALEC
GOMË
NGJITËS

IDE
BOJË
VAJ
BOJËRAT
LETËR
LAPSA
TABELA
UJI

58 - Science Fiction

```
E E R A N I J G A M I K T F
A B P G R A L K I N E M A A
I P T T S I R U T U F A I N
P Z T G D S N J Z S F Q N T
O M E R T S K E G I C O J A
T R N C V P Z K A R O C F S
S R A T A V U I L O O N U T
I A L K X E H M A B D Z T I
D J P H U C C O K O G Q O K
B Z M X B L V T T T B G P T
L I B R A F L A I Ë O O I Y
T E T A K I M I K T I R T E
G V V M I H T R Ë P H S L Ë
N G Y M I S T E R I O Z E I
```

ATOMIKE

LIBRA

KIMIKATET

KINEMA

DISTOPIA

SHPËRTHIM

EKSTREM

FANTASTIK

ZJARR

FUTURIST

GALAKTIKË

ILUZION

IMAGJINARE

MISTERIOZE

ORAKULLI

PLANET

ROBOTËT

UTOPI

BOTË

59 - Geometry

```
S  I  P  Ë  R  F  A  Q  E  P  S  D  P  H
X  I  F  Y  I  Ë  N  H  T  B  I  I  J  O
Z  N  N  X  N  L  M  P  E  M  M  A  E  R
Q  O  E  N  S  O  C  U  H  A  E  M  S  I
T  I  O  X  E  G  E  I  N  A  T  E  Ë  Z
F  S  D  R  G  J  L  N  H  J  R  T  L  O
M  N  A  T  M  I  R  O  E  T  I  R  F  N
W  E  I  S  E  K  H  I  E  I  E  I  Q  T
K  M  S  D  N  Ë  K  C  U  R  F  R  F  A
U  I  Ë  A  T  O  A  A  S  A  M  N  R  L
R  D  T  N  T  R  O  U  H  G  V  D  Z  E
V  J  R  U  Z  A  F  K  P  O  U  I  T  C
E  H  A  X  J  N  R  E  C  L  M  K  G  U
L  E  L  A  R  A  P  E  O  L  K  A  Z  H
```

KËND	MASA
LLOGARITJA	MESATARE
RRETH	NUMËR
KURVE	PARALEL
DIAMETRI	PJESË
DIMENSIONI	SEGMENT
EKUACIONI	SIPËRFAQE
LARTËSIA	SIMETRI
HORIZONTALE	TEORI
LOGJIKË	

60 - Creativity

```
K  S  V  M  I  H  Z  A  M  I  Q  W  Y  I
I  R  M  E  K  S  Q  R  O  S  N  A  S  J
O  S  I  H  I  S  Ë  T  R  A  Q  Z  L  S
C  R  S  J  D  E  K  I  T  A  M  A  R  D
V  N  Ë  Q  U  G  Z  S  S  T  S  L  E  V
Q  Q  T  E  H  E  Y  T  U  E  E  T  N  I
E  F  F  S  P  D  S  I  N  E  J  P  A  Z
V  D  A  Q  D  I  W  K  U  U  B  D  T  I
I  T  E  T  I  S  N  E  T  N  I  A  N  O
Z  P  W  S  H  P  R  E  H  J  E  C  O  N
N  D  R  Y  S  H  I  M  I  X  U  T  P  E
I  N  T  U  I  T  Ë  P  T  A  C  O  S  T
N  K  U  B  I  M  A  G  J  I  N  A  T  Ë
Q  Q  N  X  Q  E  M  O  C  I  O  N  E  T
```

ARTISTIKE	IMAGJINATË
NDRYSHIMI	INTENSITETI
QARTËSI	INTUITË
DRAMATIKE	KRIJUES
EMOCIONET	NDJESI
SHPREHJE	AFTËSI
IDE	SPONTANE
IMAZHI	VIZIONET

61 - Airplanes

```
A H M L A R T Ë S I A C F F
U V G O T U R B U L L I R A
U Q E I T J H N U Q I E L L
X L J N J O D P I L O T N K
F O L J T D R I M T A P D A
R N U A T U W I A U T A Ë R
T E X Z Q F R S E L M S R B
A J R I B L A Ë J L O A T U
W G L D L P U T T U S G I R
D O H I S T O R I M F J M A
G R I P Q V W A R B E E I N
V D L H R V R L B A R R Q T
A I E L I K A T Z C Ë D B S
I H Z A P I U K E E V D F U
```

AVENTURË   KARBURANT
AJRI   LARTËSIA
LARTËSI   HISTORI
ATMOSFERË   HIDROGJEN
TULLUMBACE   ULJE
NDËRTIMI   PASAGJER
EKUIPAZHI   PILOT
ZBRITJE   ELIKAT
DIZAJNI   QIELL
MOTOR   TURBULLIRA

62 - Ocean

```
K  B  R  E  S  H  K  Ë  J  K  G  A  U  S
A  N  U  T  A  C  E  L  A  K  R  A  K  Z
N  Z  B  P  R  F  G  Z  V  S  K  I  P  G
D  X  F  A  I  P  N  A  J  G  L  V  P  C
I  G  M  B  T  R  E  J  G  N  U  F  S  Ë
L  A  S  A  E  I  T  S  I  L  G  U  M  Ë
D  F  P  L  D  T  C  M  H  N  P  C  P  M
E  O  E  E  Ë  E  T  A  U  K  T  G  J  F
T  R  S  N  C  D  P  W  T  X  A  J  E  K
I  R  H  A  O  A  A  P  S  G  G  Q  V  E
N  J  K  J  G  G  N  G  J  A  L  A  E  F
C  A  N  I  F  L  E  D  W  W  A  Z  S  N
K  O  R  A  L  A  O  K  T  A  P  O  D  H
E  C  E  C  L  K  E  M  M  X  V  A  T  A
```

ALGAT	KRIPË
KORAL	ALGA DETI
GAFORRJA	PESHKAQEN
DELFIN	KARKALECA
NGJALA	SFUNGJER
PESHK	STUHI
KANDIL DETI	BATICAT
OKTAPOD	TUNA
GOCË DETI	BRESHKË
GUMË	BALENA

63 - Force and Gravity

```
U N I V E R S A L E A U Y P
D I S T A N C Ë Y T K R K M
P E S H A Ë Z B U L I M I I
M G R A R D N E Q D Z P Y E
G S T F A U N D I K I M I P
I E K B A T I B R O F M S R
M E K A N I K A R T Q I H E
I V V I W N V H N K Y M P S
K K R S M G B O A K S I E I
R E U L P A G K N G R R J O
Ë M L I M M N Y I P L E T N
F O L H U J Z I J K K J Ë I
V E T I T Ë R A D K B G S M
M A G N E T I Z M I W Z I C
```

AKSI	MEKANIKA
QENDRA	VRULL
ZBULIMI	ORBITA
DISTANCË	FIZIKA
DINAMIKE	PRESIONI
ZGJERIMI	VETITË
FËRKIMI	SHPEJTËSI
NDIKIMI	KOHA
MAGNETIZMI	UNIVERSALE
MAGNITUDË	PESHA

64 - Birds

```
K N I U G N I P Q S P A W O
P A S O R M I Q O T I U V M
A K N L E J L E K R T W L A
L I O A H X N Q I U O R S Ë
L L R U R A Z Y Z C G J H T
U E E Q I I R Q H I N N Q A
A P H Q H D N A F A I Z I P
M J E L L M Ë Ë B V M L P O
S O R R Ë J W Z M E A U O E
T O U C A N H E U G L S N Y
I N I T O Z U V L A F I J R
P A P A G A L L L C V A A F
H B K C U X X Q Ë I F C R Q
T G R E I T Y X P P X R E F
```

KANARINË
PULË
SORRË
QYQE
PËLLUMB
ROSA
SHQIPONJA
VEZË
FLAMINGO
PATË

HERON
STRUCI
PAPAGALL
PALLUA
PELIKAN
PINGUIN
HARABELI
LEJLEK
MJELLMË
TOUCAN

65 - Art

```
K P F E U Q N D E R S H Ë M
O J O O L B E E K L D F D P
M I T E J H E R P H S G D W
P P R M Z T O S A H U M O R
L L I J L I J P E M D C R Z
E G Y K L P I N O J I R K V
K C J H T F D I S S J K U S
S W L Ë R U T P L U K S E A
M R O S V V R C S I M B O L
V I Z U A L E A R U G I F W
V S U B J E K T Y D J B N G
P O R T R E T I Z O J N Ë C
O R I G J I N A L M H H K O K
S U R E A L I Z M I X J N X
```

QERAMIKE	PIKTURA
KOMPLEKS	POEZI
KRIJONI	PORTRETIZOJNË
SHPREHJE	SKULPTURË
FIGURA	SUBJEKT
NDERSHËM	SUREALIZMI
HUMOR	SIMBOL
ORIGJINAL	VIZUALE

66 - Nutrition

```
K C W V V P Ë T I R O L A K
B A N I M A T I V D O W B W
Z A R B S H E E H I D H U R
S A L B V W I T E D N Ë H S
A I K A O L D T R E T J E N
L S P O N H L Ë N G J E T G
C Ë E T N C I O R E K S I R
Ë L S K P E U D J J N G V Ë
M I H X L F T A R Q E Y R N
I C A T I Ë M O R A S R J S
T O K S I N Ë S Z S T V X H
T V D I M I T N E M R E F Ë
I S H Ë N D E T S H Ë M T M
P R O T E I N A T M X X F I
```

OREKSI	ZAKONET
BALANCUAR	SHËNDETI
E HIDHUR	I SHËNDETSHËM
KALORITË	LËNGJET
KARBOHIDRATET	PROTEINAT
DIETË	CILËSIA
TRETJE	SALCË
NGRËNSHËM	TOKSINË
FERMENTIMI	VITAMINA
AROMË	PESHA

67 - Hiking

```
V H Q P K G N I P M A K Ë O
I E G Ë R E A P A R Q E T B
Q K H Z H L T E Q I Z E R R
O K L I M A Y N I D R M A O
R S U T J T R H I Q I E H H
I H D I A U A J Q E T E B Z
E K H M B D W F Q R Ë K L M
N Ë Ë A M O I F B Ë L P T L
T M Z S Ç I Z M E N O M Q B
I B U M A L M R C D D V I C
M W E C K V E J K Ë H C X W
Y V S X Z B T M Ë R U G B E
H Z G A J T I T A G R Ë P U
B N C K A F S H Ë T E I R W
```

KAFSHËT
ÇIZME
KAMPING
SHKËMB
KLIMA
UDHËZUES
RREZIQET
E RËNDË
HARTË
MAL

NATYRA
ORIENTIM
PARQET
PËRGATITJA
GURË
SAMITI
DIELL
TË LODHUR
UJI
I EGËR

68 - Professions #1

```
A V O K A T M T J D F U C B
B A N K I E R F F B D O O D
L R N Q W R P S I K O L O G
A S T R O N O M D O K T O R
M H G O H M G T R A J N E R
U A J D I A J I K F J K R G
Z R E A D R U L P A R J E J
I T O S R I H B I L D S I U
K O L A A N A A A G F E M E
A G O B U A R L N U N Q R T
N R G M L R I E I A T C E A
T A I A I Z I R S R J W F R
F F L M K J Z I T P M Z N E
N M J L R O P N N A Q P I G
```

AMBASADOR	GJEOLOG
ASTRONOM	GJUETAR
AVOKAT	GJUHARI
BANKIER	MUZIKANT
HARTOGRAF	INFERMIERE
TRAJNER	PIANIST
BALERIN	HIDRAULIK
DOKTOR	PSIKOLOG
REDAKTOR	MARINAR

69 - Barbecues

```
T  S  J  K  X  Q  V  L  G  B  U  J  V  T
K  V  G  F  O  O  P  Ë  P  I  R  K  A  E
P  E  R  I  M  E  T  E  J  L  I  M  A  F
M  I  Z  T  R  O  J  A  U  V  A  C  W  S
U  O  M  X  Q  V  A  T  A  L  L  A  S  M
E  M  H  T  F  U  E  U  A  Y  E  R  A  Z
K  V  X  A  D  O  A  R  Ë  J  O  L  C  Y
R  Y  P  S  O  H  R  F  Ë  J  I  M  Ë  F
J  W  L  H  M  U  A  K  R  A  D  G  N  C
L  Ë  C  L  A  S  S  D  S  P  X  T  S  Q
A  K  I  H  T  A  E  H  N  X  E  H  T  Ë
P  V  N  Y  E  K  K  C  Q  S  X  E  S  L
M  U  Z  I  K  A  X  F  I  I  D  B  T  U
U  H  S  O  S  I  O  S  M  M  M  Y  E  P
```

PULË	NXEHTË
FËMIJË	URIA
DARKA	THIKA
FAMILJE	MUZIKA
USHQIM	SALLATA
FORKS	KRIPË
MIQ	SALCË
FRUTA	VERË
LOJËRA	DOMATE
VUAJ	PERIMET

70 - Chocolate

```
C D H K K J W P C H D R X E
I W I J I D T D L X G A A S
U S Q H Z C Z M F U Z L F H
U I O L E R E Q E H S C I
K L A K E Ë M B Ë L F U G J
A N T I O K S I D U E S R S
S L R R W K T Ë M O R A K H
K A R A M E L E R H L L A M
K A L O R I T Ë K Ë W J K E
K I K I R I K Ë T Y B X A Y
C I L Ë S I A T E C E R O O
E P R E F E R U A R A R Ë V
K E K Z O T I K E J I H S P
E H I D H U R K A R A M E L
```

ANTIOKSIDUES
E HIDHUR
KAKAO
KALORITË
KARAMELE
KARAMEL
KOKOSI
MALL
E SHIJSHME
EKZOTIKE

E PREFERUARA
AROMË
PËRBËRËS
KIKIRIKËT
PLUHUR
CILËSIA
RECETA
SHEQER
E ËMBËL
SHIJE

71 - Vegetables

```
F E B T S R R E P Ë M B L R
L I F E H X N E H X S I U R
D C E V A R T S A K A Z L E
S F A Z L Q Y C J F L E E P
O E Q Q L E H X D Z L L L K
W J L L O P J H A X A E A Ë
L J F I T Ë Z M R R T T K X
A J R A N I J G N A Ë K Ë E
V E O Q O O S P I N A Q R N
B R O K O L I K A R R O T A
P A T Ë L L X H A N Z A E B
M A J D A N O Z H U D H Ë R
K Ë R P U D H A D O M A T E
Y G A J K U N G U L L X M R
```

ANGJINARJA	QEPË
BROKOLI	MAJDANOZ
KARROTA	BIZELE
LULELAKËR	KUNGULL
SELINO	RREPKË
KASTRAVEC	SALLATË
PATËLLXHAN	SHALLOT
HUDHËR	SPINAQ
XHENXHEFIL	DOMATE
KËRPUDHA	RREPË

72 - The Media

```
O K O M U N I K I M I H E A
P I N T E L E K T U A L E T
I M A J B C H I B R I A N E
N I M I S R A L O E R T I U
I C I M Y I L B T K T I L G
O N T N M L K U I L S H N A
N A E R D L O P M A U X O Z
R N H X E I I K C M D I X E
C I Z N I G V I A A N D R T
K F A K T E T I N L I R M A
Y U M A E R O I D A R P Z T
O F I O J O Q C C U A G Z H
T E M I R D N Ë Q L A O G N
Y S E O R R K X Y E D L O V
```

REKLAMA	INDIVIDUAL
QËNDRIMET	INDUSTRIA
TREGTI	INTELEKTUALE
KOMUNIKIMI	LOKAL
DIXHITAL	RRJETI
BOTIM	GAZETAT
ARSIMI	ONLINE
FAKTE	OPINION
FINANCIMI	PUBLIK
IMAZHET	RADIO

73 - Boats

```
O G O R P F G Y D L D T T R
Q L I Q E N I P O I O E O I
E A L E V E M Ë K R A V T S
A V T O R L I T A R J U F L
N O R K O A E Y A K A J A K
D Z A Ë C I T A B F N E R N
F Ë G C U H M E T S X Y V N
Y M E N G Z Y A D K A N O E
M B T A C A T L R S S L J K
I I H R Q P D L N I M U L A
M U A I G I F S V E N Y X U
H J J P A U M O T O R A K D
E Ë Q S P K E R I D X G R O
X J T Q R E P E O I E N Y H
```

SPIRANCË   DETARE
VOZË MBI UJË   OQEAN
KANOE   RAFT
EKUIPAZHI   LUMI
DOK   LITAR
MOTOR   VARKË ME VELA
TRAGET   MARINAR
KAJAK   DET
LIQENI   BATICË
DIREK   JAHT

74 - Activities and Leisure

```
T D O Z P V R M V L Z U V B
B L L O B T U F M H H D O A
G E T L M U B T M K Y H L S
L P J E M X T Z M A T Ë E K
T Z T S E P H Ë T R J T J E
A F A I B G A M S U E I B T
R R R N G O T Z M T M M O B
A Ë T E G E L B O K S I L O
G S Q T X H O L X I X I L L
N E K T J O G N I P M A K L
I Y H D D B Y G X T P W W M
K T I M H I P E S H K I M I
I O Y C K N O T G O L F A C
H B S K O P S H T A R I K Z
```

ART	HOBI
BEJSBOLLI	PIKTURA
BASKETBOLL	GARA
BOKS	ZBUTËS
KAMPING	FUTBOLL
ZHYTJE	SËRF
PESHKIMI	NOT
KOPSHTARI	TENIS
GOLF	UDHËTIMI
HIKING	VOLEJBOLL

75 - Driving

```
Z T R A F I K U M T K O K I
N Y Q B I D V S A R A Q Ë M
S N O Q O J O H K A R A M E
Ë K A M I O N O I N B W B V
S I G U R I A F N S U I Ë F
N R R R U G Ë E A P R A S M
E O R W B U G R F O A V O T
Ç T P E Y K O H B R N T R N
I O O H Z A R A G T T S J E
L M L P A I L R W I A B U D
E D I Y G O K T B N N K Q I
N H C Y D I S Ë T J E P H S
U L I R W S Y I Y P R I X K
T J A T O P W S S T F C F A
```

AKSIDENT	MOTOR
FRENAT	KËMBËSOR
MAKINA	POLICIA
RREZIK	SIGURIA
SHOFER	SHPEJTËSI
KARBURANT	RRUGË
GARAZH	TRAFIKU
GAZ	TRANSPORTI
LIÇENSË	KAMION
HARTË	TUNEL

76 - Professions #2

```
B  I  B  L  I  O  T  E  K  A  R  R  Q  K
O  V  B  R  A  T  E  Z  A  G  B  E  I  Q
O  I  O  A  G  K  I  R  U  R  G  I  V  O
F  M  D  T  O  L  I  P  R  B  O  N  I  M
E  G  Ë  H  P  I  K  T  O  R  V  I  T  E
R  J  I  S  Ë  K  I  P  H  S  M  H  E  Q
M  U  Z  P  U  F  W  X  M  A  Q  X  T  T
E  H  O  O  B  E  I  T  S  I  T  N  E  D
R  Ë  O  K  T  Q  S  L  H  N  P  I  D  Y
U  T  L  E  H  X  T  G  O  L  O  I  B  T
B  A  O  J  L  N  B  C  C  Z  G  N  P  D
W  R  G  M  D  U  J  N  L  R  O  M  Q  V
F  O  T  O  G  R  A  F  R  F  L  F  S  F
A  K  A  S  T  R  O  N  A  U  T  N  C  F
```

ASTRONAUT	GJUHËTAR
BIOLOG	PIKTOR
DENTISTI	FILOZOF
DETETIVI	FOTOGRAF
INXHINIER	MJEK
FERMER	PILOT
KOPSHTAR	KIRURG
SHPIKËSI	MËSUES
GAZETAR	ZOOLOG
BIBLIOTEKAR	

77 - Mythology

```
C J Z B H D N K A A M S I P
Q N R W T A S Q Q M R J L Ë
C I P I T E K R A I R E D R
Q W M N G J O M J U U L O B
O A S E J I R K A L F L K I
E M T F T Ë E P I R E J A N
Q I E L L T H X Z V R E D D
P L M I J I R K O D K J N Ë
Q L I J H N J R L E U O E S
P U S L G J F U E K L B J H
V B E W L Y O Z H S T D G T
U U B J S G H S Q X H U X E J
Y B Y B D P T Z M Ë R S L Z
F A T K E Q Ë S I M A M U L
```

ARKETIPI   HERO
SJELLJE   XHELOZIA
BESIMET   LEGJENDA
KRIJIM   RRUFE
KRIJESA   PËRBINDËSH
KULTURA   VDEKSHËM
HYJNITË   HAKMARRJE
FATKEQËSI   BUBULLIMA
QIELL

78 - Hair Types

```
M Ë H S T E D N Ë H S I B P
R Z T L F D Z B F H G K Z V
Ë H D R A B E E J T R G A C
T V I H O L L Ë Z O V A S U
R M E N G J Y R Ë Ë N S F R
U U N Q E D N O E M E D E L
K C N V N T Q B T Y G R Y S
H A N L B G L E R R U Ç A K
S L F B U T Ë T A H T C E Y
I L Q E G B L T S R R W Z V
Q U E N D U R Q H Z H Q N L X X
A T E H S R Ë G Ë I S O Q R
G J A T Ë S H K Ë L Q I M K
W K N E T D V X M D O I G D
```

TULLAC	GRY
E ZEZË	I SHËNDETSHËM
BJOND	GJATË
ENDUR	SHKËLQIM
GËRSHETA	I SHKURTËR
KAFE	BUTË
ME NGJYRË	E TRASHË
CURLS	I HOLLË
KAÇURREL	ME ONDE
THATË	E BARDHË

79 - Garden

```
G H A M A K S D L B U S H N
R Z J V G H L U M O V E R L
A A R X K L A E L N P E Q A
B R H L O T S I H D R A G E
U A N E P R P E L L G V T X
J G R Q S A Ç T W W S E R Ë
Ë M E P H M O H J D S R C N
B A R I T P R S U Z G A C I
Y L L Z Z O A I Q A I N Q D
N M G R N L P M T K V D P N
N C X F E I E E L U L Ë Z Ë
C W T U Z N P P D B D R I L
K O U D X Ë T A R R A C Ë F
S H K Ë M B I N J P A O F E
```

STOL
BUSH
GARDH
LULE
GARAZH
KOPSHT
BARI
HAMAK
ÇORAPE
LËNDINË

PEMISHTE
PELLG
VERANDË
GRABUJË
SHKËMBINJ
LOPATË
TARRACË
TRAMPOLINË
PEMË

80 - Diplomacy

```
Q  X  I  G  E  I  D  D  N  H  V  M  D  K
Y  J  M  R  A  T  I  N  A  M  U  H  G  Ë
T  E  I  K  E  E  R  K  D  I  Q  Z  D  S
E  R  N  W  W  T  E  O  R  T  E  L  I  H
T  O  U  I  H  I  Z  N  E  U  V  A  P  I
A  D  P  T  Q  R  O  F  J  K  E  G  L  L
R  A  Ë  E  Y  G  L  L  T  S  R  A  O  L
Ë  S  K  T  T  E  U  I  Ë  I  I  M  M  T
T  A  H  I  E  T  T  K  S  D  S  B  A  A
G  B  S  N  T  N  Ë  T  I  B  Ë  A  T  R
X  M  A  U  A  I  R  U  G  I  S  S  I  O
B  A  B  M  R  H  L  O  V  Z  I  A  K  S
G  V  W  O  E  R  W  O  L  K  K  D  E  F
E  T  I  K  A  T  S  K  P  N  T  A  E  P
```

KËSHILLTAR   AMBASADA
AMBASADOR   ETIKA
QYTETARËT   QEVERISË
QYTETARE   HUMANITAR
KOMUNITETI   INTEGRITETI
KONFLIKT   DREJTËSI
BASHKËPUNIMI   POLITIKA
DIPLOMATIKE   REZOLUTË
DISKUTIM   SIGURIA

81 - Countries #1

```
C C I S R K X Y X J O S U E
S P A N J Ë V I E T N A M G
I R C H D G S E N E G A L J
H N P F I N L A N D A U I I
K A I O W X V K M T K G Z P
T I N G L Q Q T J V I A A T
A N A R Y O T V O A L R R R
R U M A N I N O T E L A B I
M K R M Z B C I U D O K Z R
A A E A B I I T A L I I C I
R N J N F L M W S X U N L M
O A G A V E N E Z U E L Ë V
K D N P K X N O R V E G J I
F A R I Z R A E L I T X A I
```

BRAZIL	MAROK
KANADA	NIKARAGUA
EGJIPT	NORVEGJI
FINLANDA	PANAMA
GJERMANI	POLONI
IRAK	RUMANI
IZRAELIT	SENEGAL
ITALI	SPANJË
LETONI	VENEZUELË
LIBI	VIETNAM

82 - Adjectives #1

```
V W N A E K Z O T I K E T E
Q S D H R M O D E R N E Ë R
F H E E Z O I C I B M A R Ë
X F R B E N M O B W B L H N
C B S F T E D A D B E X E D
I U H R U Z X I T D R L Q Ë
D J Ë L L O H I H I U Z Ë S
E A M E O I C W Q M K L S I
N R Y R S R T E R R U E E S
T L N Ë B E P C R F B E E H
I T O N A S N J K C E K S M
K F M D G Ë Z U A R T K J E
E C S Ë A R T I S T I K E T
Z Z U E N G A T H Ë T S K I
```

ABSOLUTE
AMBICIOZE
AROMATIKE
ARTISTIKE
TËRHEQËSE
E BUKUR
TERR
EKZOTIKE
BUJAR
GËZUAR

E RËNDË
NDIHMUES
NDERSHËM
IDENTIKE
E RËNDËSISHME
MODERNE
SERIOZE
NGATHËT
I HOLLË

83 - Rainforest

```
X  M  E  V  L  E  R  Ë  F  L  F  I  J  K
R  H  B  U  P  G  W  M  O  F  B  Q  P  G
E  J  U  Z  R  E  S  T  A  U  R  I  M  I
T  A  E  N  R  C  G  Ë  G  R  V  T  K  T
Ë  S  Z  B  G  F  L  B  J  M  Y  E  I  E
H  E  M  I  O  Ë  H  I  I  Y  R  T  N  T
E  T  E  J  O  L  L  F  T  S  U  I  A  I
R  E  S  P  E  K  T  M  A  H  A  S  T  N
T  J  K  L  I  M  A  A  R  K  J  R  O  U
S  I  Z  W  H  H  D  I  Ë  O  T  E  B  M
L  B  H  T  T  L  M  Z  T  S  J  V  P  O
I  M  A  U  D  I  G  J  E  N  A  I  D  K
H  C  I  N  S  E  K  T  E  T  M  D  Q  P
S  G  W  V  Z  O  G  J  T  Ë  V  T  E  K
```

AMFIBËT	GJITARËT
ZOGJTË	MYSHK
BOTANIK	NATYRA
KLIMA	RUAJTJA
RETË	STREHË
KOMUNITETI	RESPEKT
DIVERSITETI	RESTAURIMI
AUDIGJEN	LLOJET
INSEKTET	MBIJETESA
XHUNGËL	ME VLERË

84 - Technology

```
T S F I S E U T E L F H S V
Z S O S J H G F F O N T G I
G Y I F E I F K U R S O R R
L M X G T S I A H S R K M T
J N C M U U I V Q X P Y V U
A G Q S Q R E H Z A S E M A
N F H Y U I I R X K T K D L
A A V N Q V H A P A Ë R V A
B L O G B Y T E S M D A S T
K O M P J U T E R E H N P I
I N T E R N E T I R Ë U E H
O F K Ë R K I M E A N D M X
S T A T I S T I K A A Q L I
H R Z V Y D I J Q E J S O D
```

BLOG
SHFLETUESI
BYTES
KAMERA
KOMPJUTER
KURSOR
TË DHËNA
DIXHITAL
SHFAQ
DOSJE

FONT
INTERNETI
MESAZH
KËRKIME
EKRAN
SIGURIA
SOFTUER
STATISTIKA
VIRTUAL
VIRUSI

85 - Landscapes

```
M S S H K R E T Ë T I R Ë O
Q O R H J Ë G E J Z E R R A
U R Ç Z V D U D P Y F D X Z
K T A A L N A E Q O G A Y Ë
L X I L L U H S I D A G H Y
Q J M P D T I Z N I P P G K
A K U L L N A J Ë N I G U L
H S E A S W A Y W E M V X I
K D W M K H U K M Q U H F J
O M K O P T P L L I L P F C
D Y V R Q L Z E J L A R W I
Ë U J Ë V A R Ë L L U H S I
R A J S B E R G A L W V L H
G R T Q O S H L U O Ë K M F
```

PLAZH
SHPELLË
SHKRETËTIRË
GEJZER
AKULLNAJË
KODËR
AJSBERG
ISHULL
LIQENI
MAL

OAZË
OQEAN
GADISHULL
LUMI
DET
MOÇAL
TUNDËR
LUGINË
VULLKAN
UJËVARË

86 - Visual Arts

```
A N A T E Q P P W E Y C Z C
R H L I H E M Ë I N N C O E
T B O Z S R D I R K J H F V
I H R B I A T L A B T J Z Q
S S P A L M W L C S Ë U Z A
T P K S K I M Y V R K R R B
P A U U U K Q D N C S V J Ë
O L Y B L Ë S H K U M Ë S A
R O L I U P L N L M L A P L
T L O Ë R U T K E T I K R A
R I P T T I P U X B F C K C
E T J E Q I F A R G O T O F
T S C C E L A B M Ë K W Y N
Q Y M Y R D R U R I D O B J
```

ARKITEKTURË   PIKTURË
ARTIST   STILOLAPS
QERAMIKË   LAPS
SHKUMËS   FOTOGRAFI
QYMYR DRURI   PORTRET
BALTA   SKULPTURË
PËRBËRJA   KLISHE
KËMBALEC   DYLLI
FILM

87 - Plants

```
L R B T L P P H F F Q N W S
P R H U X J T E L U L H D D
C J G B S O H N M F E I Q F
U E W M K H S Y M Ë Ç M C Y
W D E A F T P M F Y R O J M
A H G B G E O S K A R O L F
V I B B N J K Q Z Ë S O S D
E N E N Q G K B D K K U X I
P Y L L Q T A S T I V Y L B
R R Ë N J Ë K P S N F V A E
V I U G P C T L E A T M T Y
D J B R M Q U E G T S A E H
K F B A R I S H D O V M P E
W Z Z A I S Ë M I B T A N S
```

BAMBU	PYLL
FASULE	KOPSHT
ÇEL	BARI
BOTANIKË	IVY
BUSH	MYSHK
KAKTUS	PETAL
PLEH	RRËNJË
FLORA	RRJEDHIN
LULE	PEMË
GJETH	BIMËSIA

88 - Countries #2

```
S S O M A L I R E B I L P M
O U H U Y T O K J U Y N A E
A K D N K D A B L B B E K K
L F D A R W N P U G D P I S
D E T I N Q Q R G R A A S I
X H A M A J K A A E N L T K
N L H A I T I I N Q I P A Ë
F I I R I S M R D I M D N N
T S G B G V U Ë Ë P A Q K I
P U O E A U G P H O R R V A
E R U H R N F I O I K X P R
O Q H P R I I Q W T Ë S N K
J A P O N I Z H H E A N S U
V F I U I N F S I G H C M F
```

SHQIPËRIA	MEKSIKË
DANIMARKË	NEPAL
ETIOPI	NIGERI
GREQI	PAKISTAN
HAITI	RUSI
XHAMAJKA	SOMALI
JAPONI	SUDAN
LAOS	SIRI
LIBANI	UGANDË
LIBERI	UKRAINË

89 - Adjectives #2

```
V P E K R I P U R Q O V G B
M Ë H S T E D N Ë H S I V T
I R I V L S D J T T T V Z O
R S E U J I R K A K H E W C
U H L B S V A M H G C E Q I
K K P R O D U K T I V E X L
R R I F A M S H Ë M J C R N
E U T Ë T A L E N T U A R O
N E J T P Ë R G J E G J Ë S
A S Y R U M U J G R Ë P G U
R K H O G N A T Y R O R E B
F U H F E L E G A N T E I R
G E K I T N E T U A I E L H
I N T E R E S A N T E S H T
```

AUTENTIKE	INTERESANTE
KRIJUES	NATYRORE
PËRSHKRUES	I RI
THATË	PRODUKTIVE
ELEGANTE	KRENAR
I FAMSHËM	PËRGJEGJËS
TË TALENTUAR	E KRIPUR
I SHËNDETSHËM	PËRGJUMUR
NXEHTË	I FORTË
URI	I EGËR

90 - Psychology

```
P E A J I D Ë T E V N Ë N B
E M I D N E M N E G O T D U
R Ë P Y U H O Q D V R Z J M
S R T H L E N A S R B W E H
O I Y L J D H F K W R C S P
N M F Ë M I J Ë R I A A I R
A I R V L E R Ë S I M I T O
L S A E K I N I L K T S K B
I P A J A M E L B Z E J I L
T D J H I L T E L U R E L E
E T O O Z V I A X I A L F M
T A W J M V E T H N P L N W
S O Z N O R V M E B I J O Q
E M O C I O N E T T A E K W
```

EMËRIMI	EMOCIONET
VLERËSIMI	IDE
SJELLJE	PERSONALITET
FËMIJËRIA	PROBLEM
KLINIKE	REALITET
NJOHJE	NDJESI
KONFLIKT	NËNVETËDIJA
ËNDRRAT	TERAPIA
EGO	MENDIME

91 - Math

```
U C T N E N O P S K E A T D
G V L B L U B C B V R C R R
C J X K R M H G S Q B N E E
P F E D I R T E M I S E K J
O Ë P O X A G Y O K Q H Ë T
L S P D M T K Ë N D E T N K
I E R O T E J H D F E E D Ë
G Y L K D S T M R Q U R Ë N
O H B A M P Y R M R S R S D
N T S F R O M V I K E Q H Ë
I R T E M A I D R A K Z M S
Y O G I W B P D S H N U E H
F P A R A L E L O G R A M U
E K U A C I O N I H S E H S
```

KËNDET
RRETHENCA
DHJETORE
DIAMETRI
EKUACIONI
EKSPONENT
THYESË
GJEOMETRIA
NUMRAT

PARALEL
PARALELOGRAM
POLIGONI
RREZE
DREJTKËNDËSH
SHESHI
SIMETRI
TREKËNDËSH

92 - Activities

```
K A J K K V A L L Ë Z I M I
A F Z T V Ë R I L E A H O K
M T B J S G N N Z G P U Q K
P Ë O D B O K A Q V Q K E J
I S P G W H M M Q K W D R A
N I L Q V I O A Z Ë J J A K
G A S O Q M M G A R S A M T
G J U E T I A J N Ç E I I I
N H U J R K R I A L W M K V
I G P P A H Ë C T O O I A I
K D L E J S J Q E D R X Y T
I Z J Q W E O I T H M E L E
H L X N B P L A I J V L O T
I N T E R E S A T E L X X I
```

AKTIVITETI	GJUETIA
ART	INTERESAT
KAMPING	KOHA E LIRË
QERAMIKA	MAGJI
ZANATET	KËNAQËSI
VALLËZIMI	LEXIMI
PESHKIMI	ÇLODHJE
LOJËRA	QEPJE
HIKING	AFTËSI

93 - Business

```
T K K T Z T Ë A R D H U R A
K O V O C Y P U N O N J Ë S
O N C S A T R E H X A N E M
E K O N O M I Ë A N G E C P
T P T S M N B K T H O P P N
K W S H A Z U I N A P M O K
F U O I L D X R P G A Q P R
F Q K T L X H B F A J R L E
T I I J I B E A A W R P F F
A W N E N F T F F W R A A B
K G O A T U L A V H N R T D
S P M J N D Y Q A N N C C Ë
A Z Y N S C K A R R I E R Ë
T O O T Q I A Z B R I T J E
```

BUXHET	FINANCA
KARRIERË	TË ARDHURA
KOMPANI	MENAXHER
KOSTO	MALLIN
VALUTA	PARATË
ZBRITJE	ZYRË
EKONOMI	SHITJE
PUNONJËS	DYQAN
FABRIKË	TAKSAT

94 - The Company

```
R P U N Ë S I M I I C B T C
S R K Z C S S Q Y W X I R I
A V E V I T A V O N I Z E L
Z E L Z Y N Q G H K K N N Ë
W N A M I T S E V N I E D S
W D B N Y Q K D O X T S E I
F I O F O S E R G O R P T A
P M L A P J D T E M I R U B
D R G P R E Z A N T I M E Q
Z O O R E P U T A C I O N I
F P A D B Z M U N D Ë S I W
X A A O U I N D U S T R I A
P G Y I W K K R I J U E S M
I Q I C F P T N J Ë S I T Ë
```

BIZNES	PREZANTIM
KRIJUES	PRODUKT
VENDIM	PROGRES
PUNËSIMI	CILËSIA
GLOBALE	REPUTACIONI
INDUSTRIA	BURIMET
INOVATIVE	RREZIQET
INVESTIM	TRENDET
MUNDËSI	NJËSITË

95 - Literature

```
P M N D T K A M E T O I M K
H L N J E L U R R O M A N R
A N E K D O T Ë O Z Y F F A
K C P N F C D M H F C E L H
P Ë R S H K R I M N A D Ë A
A M G B N I A R B A I T M S
D U U D N S N R I R J T E I
Y I T F K T A I O R G R O M
D T A O P I L T G A O A P I
H P V L R L I Ë R T L G J L
Q X J K O I Z M A O A J V L
N W W T I G A E F R N E K I
E A K J T P U N I E A D S R
P O E T I K E F A K R I B T
```

ANALOGJIA	NARRATOR
ANALIZA	ROMAN
ANEKDOTË	POEMË
AUTOR	POETIKE
BIOGRAFIA	RIMË
KRAHASIM	RITËM
PËRSHKRIM	STILI
DIALOGU	TEMA
TRILLIM	TRAGJEDI
METAFORA	

96 - Geography

```
F N K Z T G J U G Y L C F N
P M C I E J J Q E I T P I S
Q L F X R U A E Y X K D S O
O V S Q R I A X R C P I H G
N A I D I R E M K Ë B T U D
V O F P T E T Y Q T S N L E
R E R O O V X K Z O B I L T
M S N P R X B H V B U M A L
J O A D I S Ë T R A L U M F
H M E M I D N Ë R E P L G Q
E X Q I V G O J T R A J O N
I C O F H N H V D R H U J V
H E M I S F E R A S A L T A
K O N T I N E N T Z L H I Q
```

ATLAS	MAL
QYTET	VERI
KONTINENT	OQEAN
VENDI	RAJON
LARTËSI	LUMI
HEMISFERA	DET
ISHULL	JUG
GJERËSI	TERRITORI
HARTË	PERËNDIM
MERIDIAN	BOTË

97 - Pets

```
E L E T O K U C C D Z N T W
C M L B C G C D P F Q R K U
A Q T O B R E S H K Ë Q T D
M R T T J L H D J N G E H W
I J U C B B I F D E N N E G
Q Y R E N I R E T E V U T K
H Z M I U J P E P E P S R X
S D B I S H T A J E R H A D
U O C R I U A H P T S T T H
B Ë C U H D R A H A Ë H Z I
D K U P W F T L P P G S K Y
L A N E Q W U O R K J A I L
Y J V L T N P P L K N X L Y
D F X G K Q E Ë M N X M M L
```

MACE
KTHETRAT
JAKË
LOPË
QEN
PESHK
USHQIM
DHI
LLOJ BREJTËSI
KOTELE

HARDHUCË
MIU
PAPAGALL
PUTRAT
QENUSH
LEPURI
BISHT
BRESHKË
VETERINER
UJI

98 - Jazz

```
C V H P H A A O I L I T S C
C B K X U B N H F F Z S M J
I K N O T N E L A T H I O G
M I Z I V O R P M I H T I I
Q F R D Y R Ë T S E K R O R
I V J E T Ë R M H C S A Y I
S T O G T A J R Ë B R Ë P K
K E I Z Y A Y U M G U X O O
E K D H M U B L A Y N K Z N
H N A A K I Z U M G Z Ë O C
T I D N I P J A G O K D K E
S K M Ë T I R I E Y Z C F R
U Ë I R O T I Z O P M O K T
D U A R T R O K I T J E I I
```

ALBUM
DUARTROKITJE
ARTIST
KOMPOZITOR
PËRBËRJA
KONCERT
BATERI
THEKSI
I FAMSHËM
ZHANËR

IMPROVIZIM
MUZIKA
I RI
I VJETËR
ORKESTËR
RITËM
KËNGË
STILI
TALENT
TEKNIKË

99 - Nature

```
S H K Ë M B I N J T Ë Ë L C
E R O Z I O N I P I H R U T
D I N A M I K E G C P I M P
T F A K U L L N A J Ë T I Y
R M J E G U L L S E I Ë D L
K E P F B E B B S F E T T L
D A T A B I P U K I R E B J
U A F Ë Z L A K I P O R T E
H K I S F G I U T I S K Ë T
J K L R H R N R K E Ë H T Ë
G J E T H Ë K I R G Q S E S
Q Q M Z O R T X A Ë A Z L O
Q E T Ë Y Q B R I R P U B R
S H E N J T Ë R O R J A C E
```

KAFSHËT
ARKTIK
BUKURI
BLETËT
SHKËMBINJTË
RETË
SHKRETËTIRË
DINAMIKE
EROZIONI
MJEGULL

GJETH
PYLL
AKULLNAJË
PAQËSORE
LUMI
SHENJTËRORJA
QETË
TROPIKAL
JETËSORE
I EGËR

100 - Vacation #2

```
D T E M I V R E Z E R T J H
C T A P A S A P O R T Ë B H
D E T K D W H D A K H K O I
K Y W A S R E S T O R A N T
H O M C M I T Ë H D U E E R
Z O H I H U A J N W Z R R O
A V T A K A M P I N G I T P
L I H E E A E R O P O R T S
P Z Q T L L I S H U L L A N
A A S Z S Q I G G L R K U A
M A E A F L L R Ë D A Ç O R
M A L E T U Z U Ë T R A H T
D E S T I N A C I O N I W B
B N O R J U W R Y H X Z H A
```

AEROPORT	MALET
PLAZH	PASAPORTË
KAMPING	REZERVIMET
DESTINACIONI	RESTORANT
I HUAJ	DET
HOTEL	TAKSI
ISHULL	ÇADËR
UDHËTIM	TREN
KOHA E LIRË	TRANSPORTI
HARTË	VIZA

1 - Antiques

2 - Food #1

3 - Measurements

4 - Farm #2

5 - Books

6 - Meditation

7 - Days and Months

8 - Energy

9 - Archeology

10 - Food #2

11 - Chemistry

12 - Music

13 - Family

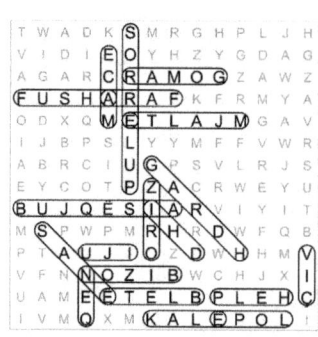

14 - Farm #1

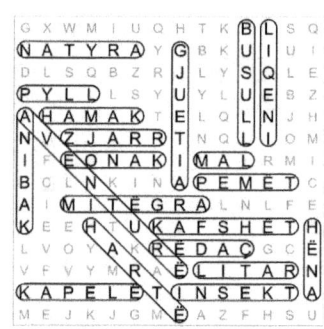

15 - Camping

16 - Algebra

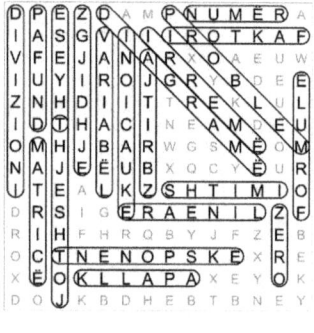

17 - Spices

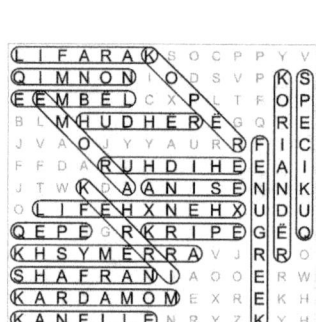
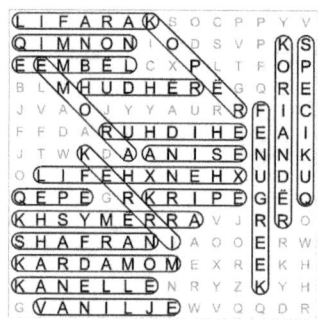

18 - Universe

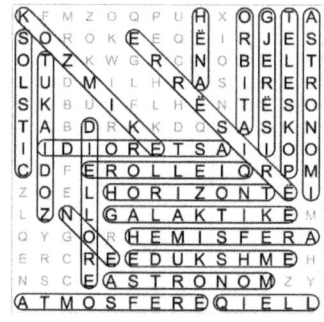

19 - Mammals

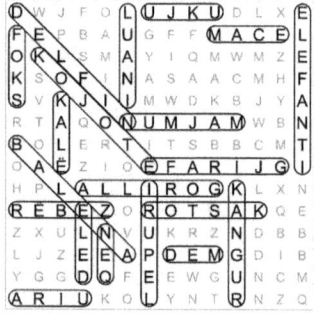

20 - Fishing

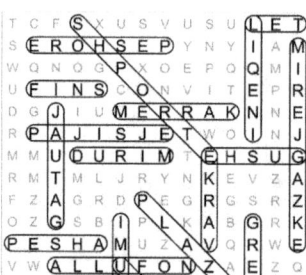
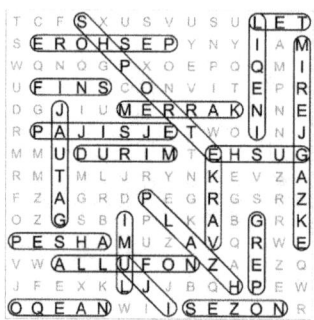

21 - Bees

22 - Photography

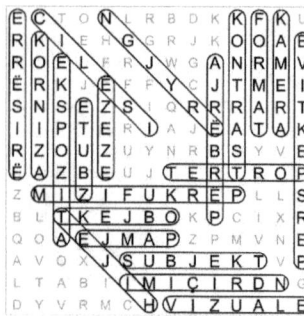

23 - Adventure

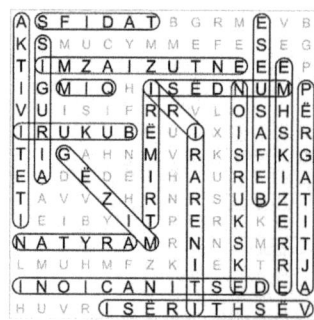

24 - Sport

25 - Circus

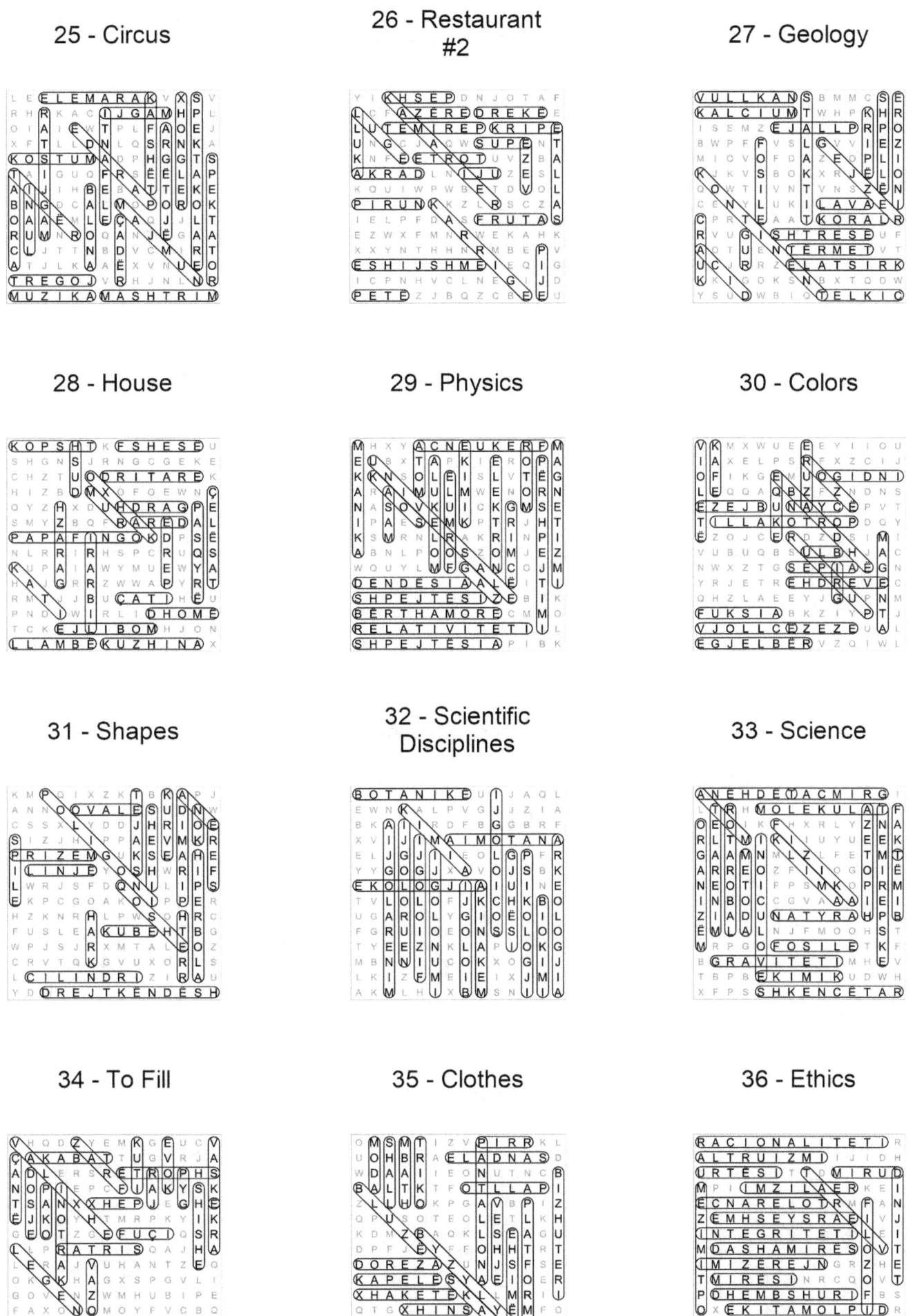

26 - Restaurant #2

27 - Geology

28 - House

29 - Physics

30 - Colors

31 - Shapes

32 - Scientific Disciplines

33 - Science

34 - To Fill

35 - Clothes

36 - Ethics

37 - Insects

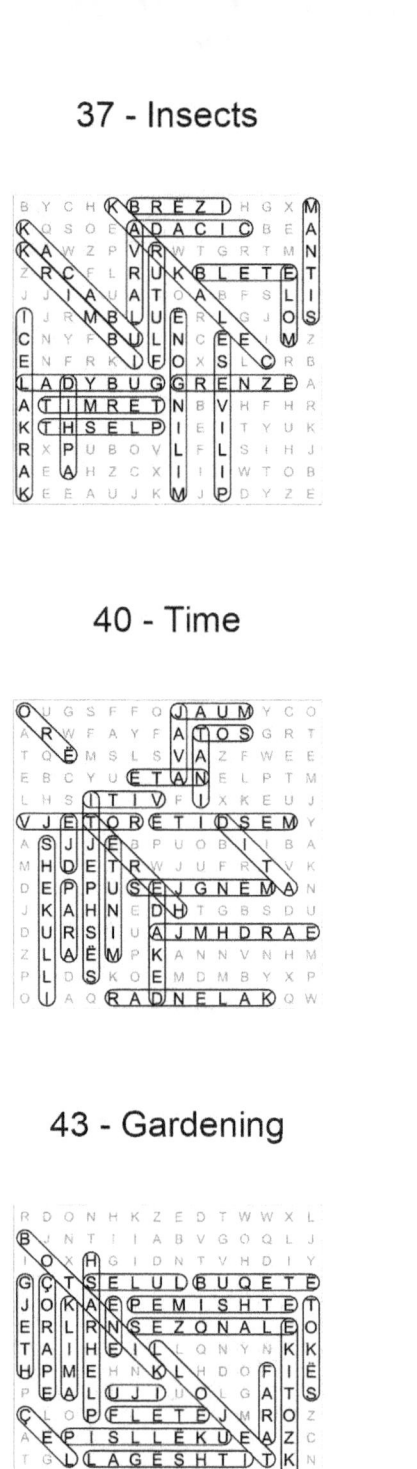

38 - Astronomy

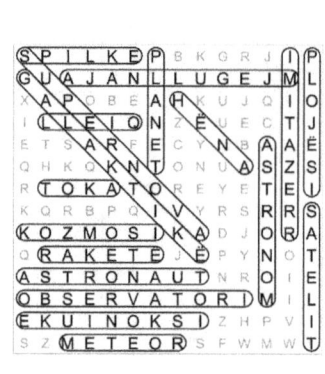

39 - Health and Wellness #2

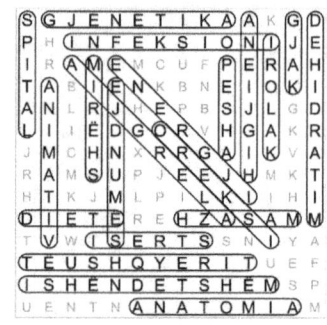

40 - Time

41 - Buildings

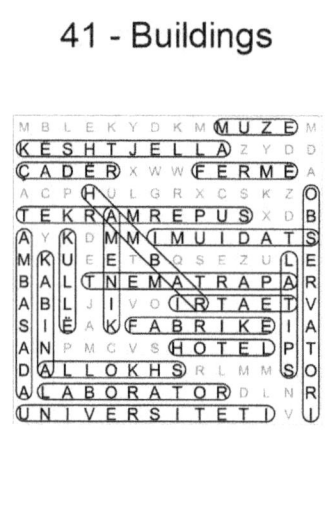

42 - Philanthropy

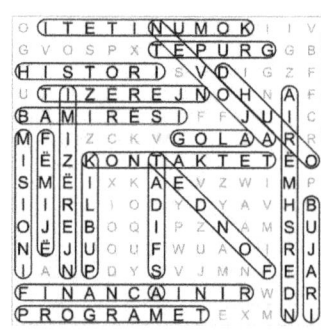

43 - Gardening

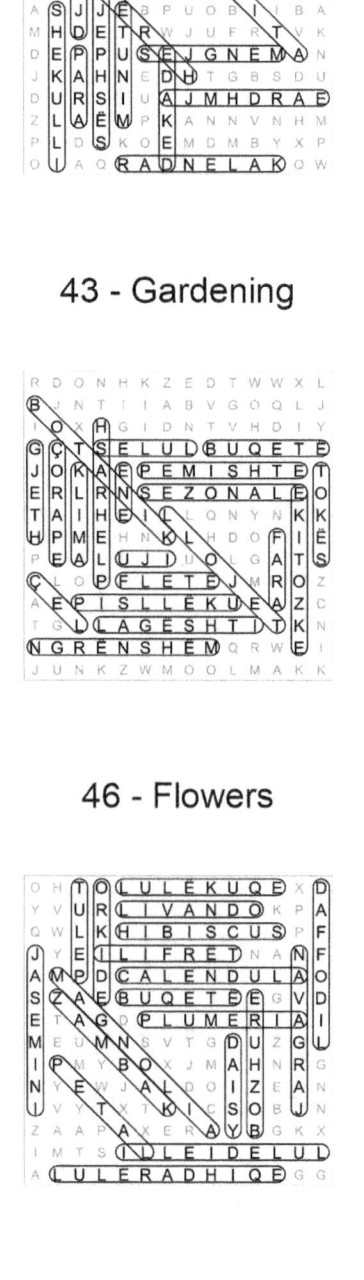

44 - Herbalism

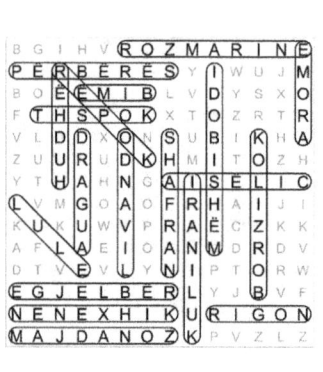

45 - Vehicles

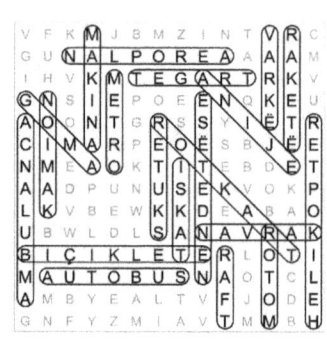

46 - Flowers

47 - Health and Wellness #1

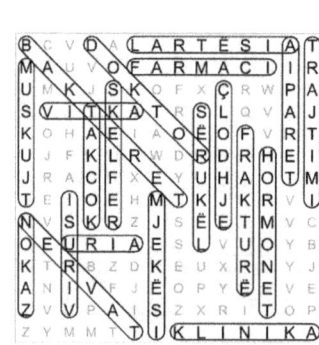

48 - Town

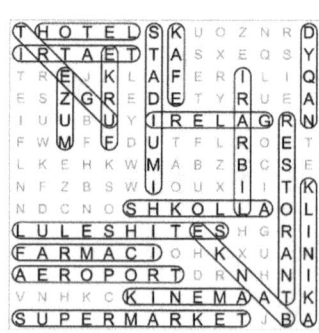

49 - Antarctica

50 - Ballet

51 - Fashion

52 - Human Body

53 - Musical Instruments

54 - Fruit

55 - Engineering

56 - Government

57 - Art Supplies

58 - Science Fiction

59 - Geometry

60 - Creativity

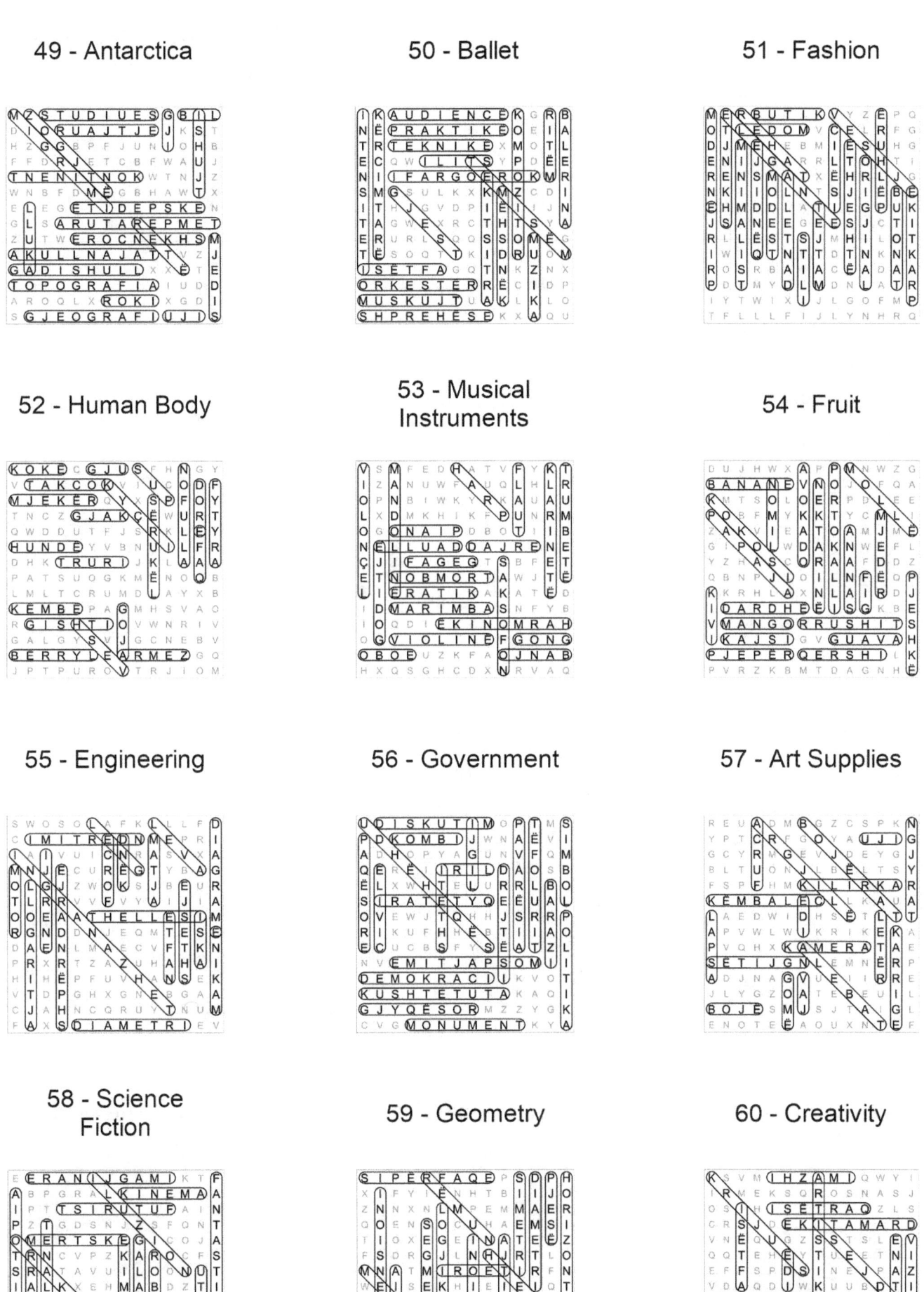

61 - Airplanes

62 - Ocean

63 - Force and Gravity

64 - Birds

65 - Art

66 - Nutrition

67 - Hiking

68 - Professions #1

69 - Barbecues

70 - Chocolate

71 - Vegetables

72 - The Media

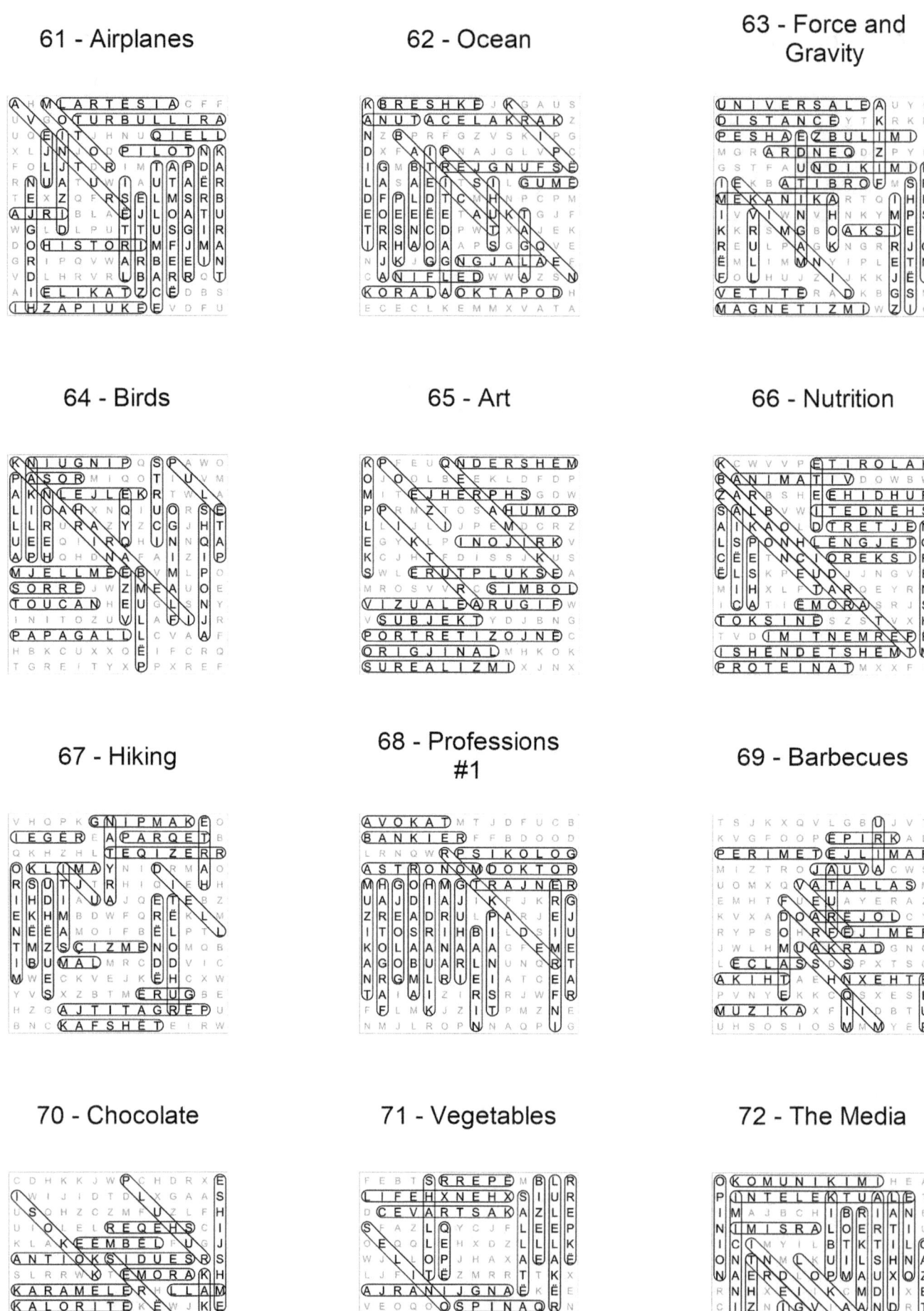

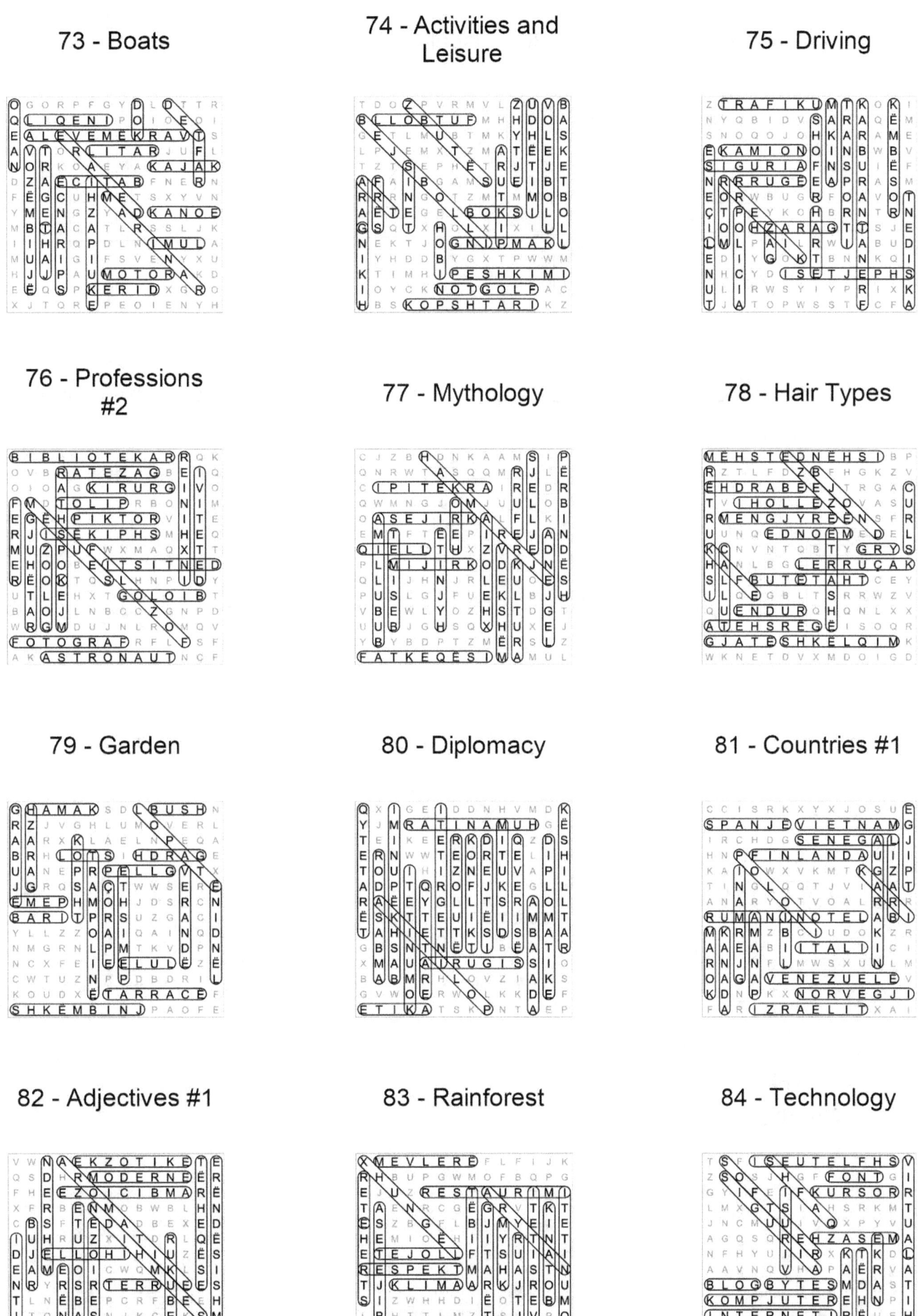

73 - Boats

74 - Activities and Leisure

75 - Driving

76 - Professions #2

77 - Mythology

78 - Hair Types

79 - Garden

80 - Diplomacy

81 - Countries #1

82 - Adjectives #1

83 - Rainforest

84 - Technology

85 - Landscapes

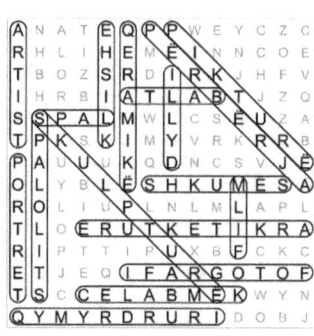

86 - Visual Arts

87 - Plants

88 - Countries #2

89 - Adjectives #2

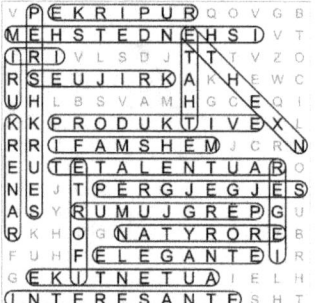

90 - Psychology

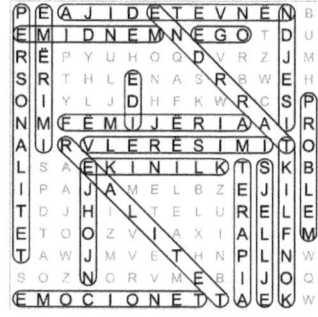

91 - Math

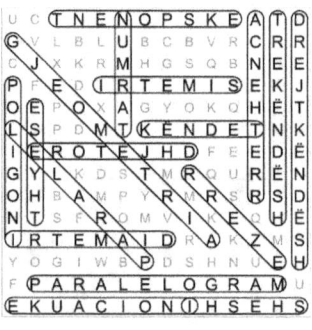

92 - Activities

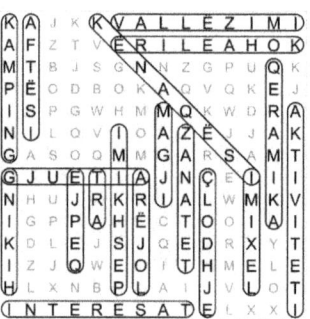

93 - Business

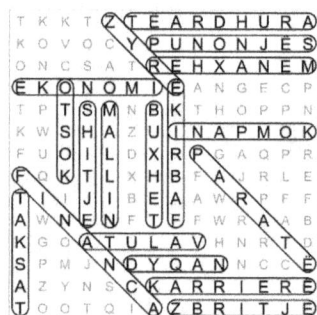

94 - The Company

95 - Literature

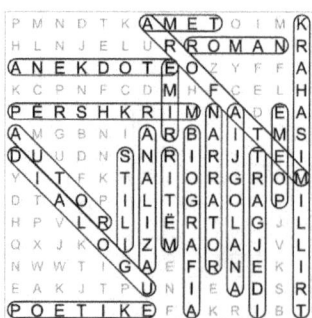

96 - Geography

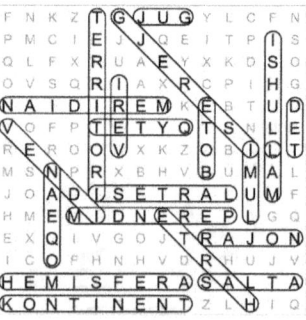

97 - Pets

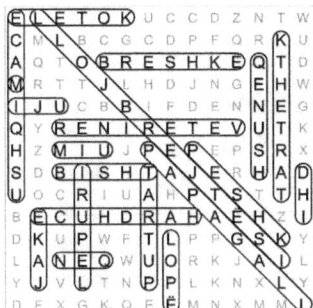

98 - Jazz

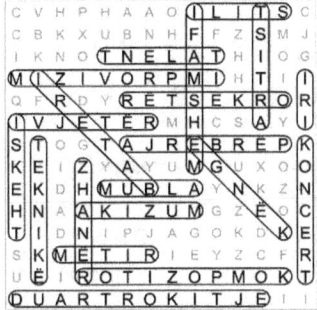

99 - Nature

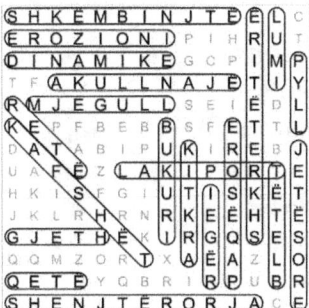

100 - Vacation #2

Dictionary

Activities
Aktivitetet

Activity	Aktiviteti
Art	Art
Camping	Kamping
Ceramics	Qeramika
Crafts	Zanatet
Dancing	Vallëzimi
Fishing	Peshkimi
Games	Lojëra
Gardening	Kopshtari
Hiking	Hiking
Hunting	Gjuetia
Interests	Interesat
Leisure	Koha e Lirë
Magic	Magji
Photography	Fotografi
Pleasure	Kënaqësi
Reading	Leximi
Relaxation	Çlodhje
Sewing	Qepje
Skill	Aftësi

Activities and Leisure
Aktivitetet dhe Koha e L

Art	Art
Baseball	Bejsbolli
Basketball	Basketboll
Boxing	Boks
Camping	Kamping
Diving	Zhytje
Fishing	Peshkimi
Gardening	Kopshtari
Golf	Golf
Hiking	Hiking
Hobbies	Hobi
Painting	Piktura
Racing	Gara
Relaxing	Zbutës
Soccer	Futboll
Surfing	Sërf
Swimming	Not
Tennis	Tenis
Travel	Udhëtimi
Volleyball	Volejboll

Adjectives #1
Mbiemrat #1

Absolute	Absolute
Ambitious	Ambicioze
Aromatic	Aromatike
Artistic	Artistike
Attractive	Tërheqëse
Beautiful	E Bukur
Dark	Terr
Exotic	Ekzotike
Generous	Bujar
Happy	Gëzuar
Heavy	E Rëndë
Helpful	Ndihmues
Honest	Ndershëm
Identical	Identike
Important	E Rëndësishme
Modern	Moderne
Serious	Serioze
Slow	Ngathët
Thin	I Hollë
Valuable	Me Vlerë

Adjectives #2
Mbiemrat #2

Authentic	Autentike
Creative	Krijues
Descriptive	Përshkrues
Dry	Thatë
Elegant	Elegante
Famous	I Famshëm
Gifted	Të Talentuar
Healthy	I Shëndetshëm
Hot	Nxehtë
Hungry	Uri
Interesting	Interesante
Natural	Natyrore
New	I Ri
Productive	Produktive
Proud	Krenar
Responsible	Përgjegjës
Salty	E Kripur
Sleepy	Përgjumur
Strong	I Fortë
Wild	I Egër

Adventure
Aventurë

Activity	Aktiviteti
Beauty	Bukuri
Bravery	Trimëri
Challenges	Sfidat
Chance	Mundësi
Dangerous	E Rrezikshme
Destination	Destinacioni
Difficulty	Vështirësi
Enthusiasm	Entuziazmi
Excursion	Ekskursion
Friends	Miq
Itinerary	Itinerari
Joy	Gëzim
Nature	Natyra
Navigation	Navigacion
New	I Ri
Preparation	Përgatitja
Safety	Siguria
Surprising	Befasuese
Unusual	E Pazakontë

Airplanes
Aeroplanët

Adventure	Aventurë
Air	Ajri
Altitude	Lartësi
Atmosphere	Atmosferë
Balloon	Tullumbace
Construction	Ndërtimi
Crew	Ekuipazhi
Descent	Zbritje
Design	Dizajni
Engine	Motor
Fuel	Karburant
Height	Lartësia
History	Histori
Hydrogen	Hidrogjen
Landing	Ulje
Passenger	Pasagjer
Pilot	Pilot
Propellers	Elikat
Sky	Qiell
Turbulence	Turbullira

Algebra
Algjebra

Addition	Shtimi
Diagram	Diagramë
Division	Divizioni
Equation	Ekuacioni
Exponent	Eksponent
Factor	Faktori
False	I Rremë
Formula	Formulë
Fraction	Thyesë
Infinite	Pafund
Linear	Lineare
Matrix	Matricë
Number	Numër
Parenthesis	Kllapa
Problem	Problem
Simplify	Thjeshtoj
Solution	Zgjidhje
Subtraction	Zbritja
Variable	Variabël
Zero	Zero

Antarctica
Antarktidë

Bay	Gji
Birds	Zogjtë
Clouds	Retë
Conservation	Ruajtje
Continent	Kontinent
Cove	Lib
Environment	Mjedis
Expedition	Ekspeditë
Geography	Gjeografi
Glaciers	Akullnajat
Ice	Akull
Islands	Ishujt
Migration	Migrimi
Peninsula	Gadishull
Researcher	Studiues
Rocky	Roki
Scientific	Shkencore
Temperature	Temperatura
Topography	Topografia
Water	Uji

Antiques
Antike

Art	Art
Auction	Ankand
Authentic	Autentike
Century	Shekulli
Coins	Monedha
Decades	Dekada
Decorative	Dekorative
Elegant	Elegante
Furniture	Mobilje
Gallery	Galeri
Investment	Investim
Jewelry	Bizhuteri
Old	I Vjetër
Price	Çmimi
Quality	Cilësia
Restoration	Restaurimi
Sculpture	Skulpturë
Style	Stili
Unusual	E Pazakontë
Value	Vlera

Archeology
Arkeologjia

Analysis	Analiza
Antiquity	Lashtësia
Bones	Kockat
Civilization	Qytetërimi
Descendant	Pasardhës
Era	Epokë
Evaluation	Vlerësimi
Expert	Ekspert
Findings	Gjetjet
Forgotten	Harruar
Fossil	Fosile
Fragments	Fragmente
Mystery	Mister
Objects	Objekte
Relic	Relike
Researcher	Studiues
Team	Ekipi
Temple	Tempull
Tomb	Varri
Unknown	Panjohur

Art
Art

Ceramic	Qeramike
Complex	Kompleks
Composition	Përbërja
Create	Krijoni
Expression	Shprehje
Figure	Figura
Honest	Ndershëm
Inspired	Frymëzuar
Mood	Humor
Original	Origjinal
Paintings	Piktura
Personal	Personale
Poetry	Poezi
Portray	Portretizojnë
Sculpture	Skulpturë
Simple	E Thjeshtë
Subject	Subjekt
Surrealism	Surealizmi
Symbol	Simbol
Visual	Vizuale

Art Supplies
Furnizimet e Artit

Acrylic	Akrilik
Brushes	Furca
Camera	Kamera
Chair	Karrige
Charcoal	Qymyr Druri
Clay	Argjilë
Colors	Ngjyrat
Creativity	Fantazia
Easel	Këmbalec
Eraser	Gomë
Glue	Ngjitës
Ideas	Ide
Ink	Bojë
Oil	Vaj
Paints	Bojërat
Paper	Letër
Pencils	Lapsa
Table	Tabela
Water	Uji
Watercolors	Bojëra Uji

Astronomy
Astronomi

Asteroid	Asteroidi
Astronaut	Astronaut
Astronomer	Astronom
Constellation	Plojësi
Cosmos	Kozmosi
Earth	Toka
Eclipse	Eklips
Equinox	Ekuinoksi
Galaxy	Galaktikë
Meteor	Meteor
Moon	Hëna
Nebula	Mjegullnaja
Observatory	Observatori
Planet	Planet
Radiation	Rrezatimi
Rocket	Raketë
Satellite	Satelit
Sky	Qiell
Supernova	Supernova
Zodiac	Zodiakut

Ballet
Baletit

Applause	Duartrokitje
Artistic	Artistike
Audience	Audiencë
Ballerina	Balerina
Choreography	Koreografi
Composer	Kompozitor
Dancers	Kërcimtarë
Expressive	Shprehëse
Gesture	Gjest
Graceful	Këndshëm
Intensity	Intensiteti
Lessons	Mësimet
Muscles	Muskujt
Music	Muzika
Orchestra	Orkestër
Practice	Praktikë
Rhythm	Ritëm
Skill	Aftësi
Style	Stili
Technique	Teknikë

Barbecues
Barbekju

Chicken	Pulë
Children	Fëmijë
Dinner	Darka
Family	Familje
Food	Ushqim
Forks	Forks
Friends	Miq
Fruit	Fruta
Games	Lojëra
Grill	Vuaj
Hot	Nxehtë
Hunger	Uria
Knives	Thika
Music	Muzika
Salads	Sallata
Salt	Kripë
Sauce	Salcë
Summer	Verë
Tomatoes	Domate
Vegetables	Perimet

Bees
Bletët

Beneficial	I Dobishëm
Blossom	Çel
Diversity	Diversiteti
Ecosystem	Ekosistemi
Flowers	Lule
Food	Ushqim
Fruit	Fruta
Garden	Kopsht
Habitat	Habitat
Hive	Koshere
Honey	Mjaltë
Insect	Insekt
Plants	Bimët
Pollen	Polen
Pollinator	Pollinator
Queen	Mbretëresha
Smoke	Tym
Sun	Diell
Swarm	Muzi
Wax	Dylli

Birds
Zogjtë

Canary	Kanarinë
Chicken	Pulë
Crow	Sorrë
Cuckoo	Qyqe
Dove	Pëllumb
Duck	Rosa
Eagle	Shqiponja
Egg	Vezë
Flamingo	Flamingo
Goose	Patë
Heron	Heron
Ostrich	Struci
Parrot	Papagall
Peacock	Pallua
Pelican	Pelikan
Penguin	Pinguin
Sparrow	Harabeli
Stork	Lejlek
Swan	Mjellmë
Toucan	Toucan

Boats
Varkat

Anchor	Spirancë
Buoy	Vozë mbi Ujë
Canoe	Kanoe
Crew	Ekuipazhi
Dock	Dok
Engine	Motor
Ferry	Traget
Kayak	Kajak
Lake	Liqeni
Mast	Direk
Nautical	Detare
Ocean	Oqean
Raft	Raft
River	Lumi
Rope	Litar
Sailboat	Varkë me Vela
Sailor	Marinar
Sea	Det
Tide	Baticë
Yacht	Jaht

Books
Librat

Adventure	Aventurë
Author	Autor
Collection	Mbledhja
Context	Kontekst
Duality	Dualitet
Epic	Epikë
Historical	Historike
Humorous	Humor
Inventive	Krijues
Literary	Letrare
Narrator	Narrator
Novel	Roman
Page	Faqe
Poem	Poemë
Poetry	Poezi
Reader	Lexues
Relevant	Relevante
Story	Histori
Tragic	Tragjike
Written	Shkruar

Buildings
Ndërtesat

Apartment	Apartament
Barn	Hambar
Cabin	Kabina
Castle	Kështjella
Cinema	Kinema
Embassy	Ambasada
Factory	Fabrikë
Farm	Fermë
Hospital	Spital
Hotel	Hotel
Laboratory	Laborator
Museum	Muze
Observatory	Observatori
School	Shkolla
Stadium	Stadiumi
Supermarket	Supermarket
Tent	Çadër
Theater	Teatri
Tower	Kullë
University	Universiteti

Business
Biznesit

Budget	Buxhet
Career	Karrierë
Company	Kompani
Cost	Kosto
Currency	Valuta
Discount	Zbritje
Economics	Ekonomi
Employee	Punonjës
Employer	Punëdhënësi
Factory	Fabrikë
Finance	Financa
Income	Të Ardhura
Investment	Investim
Manager	Menaxher
Merchandise	Mallin
Money	Paratë
Office	Zyrë
Sale	Shitje
Shop	Dyqan
Taxes	Taksat

Camping
Kampingu

Adventure	Aventurë
Animals	Kafshët
Cabin	Kabina
Canoe	Kanoe
Compass	Busull
Fire	Zjarr
Forest	Pyll
Fun	Argëtim
Hammock	Hamak
Hat	Kapelë
Hunting	Gjuetia
Insect	Insekt
Lake	Liqeni
Map	Hartë
Moon	Hëna
Mountain	Mal
Nature	Natyra
Rope	Litar
Tent	Çadër
Trees	Pemët

Chemistry
Kimia

Acid	Acid
Alkaline	Alkaline
Atomic	Atomike
Carbon	Karbon
Catalyst	Katalizator
Chlorine	Klori
Electron	Elektron
Enzyme	Enzimë
Gas	Gaz
Heat	Nxehtësia
Hydrogen	Hidrogjen
Ion	Jon
Liquid	Lëng
Molecule	Molekula
Nuclear	Bërthamore
Organic	Organike
Oxygen	Oksigjen
Salt	Kripë
Temperature	Temperatura
Weight	Pesha

Chocolate
Çokollatë

Antioxidant	Antioksidues
Bitter	E Hidhur
Cacao	Kakao
Calories	Kaloritë
Candy	Karamele
Caramel	Karamel
Coconut	Kokosi
Craving	Mall
Delicious	E Shijshme
Exotic	Ekzotike
Favorite	E Preferuara
Flavor	Aromë
Ingredient	Përbërës
Peanuts	Kikirikët
Powder	Pluhur
Quality	Cilësia
Recipe	Receta
Sugar	Sheqer
Sweet	E Ëmbël
Taste	Shije

Circus
Cirku

Acrobat	Acrobat
Animals	Kafshët
Balloons	Balona
Candy	Karamele
Costume	Kostum
Elephant	Elefanti
Entertain	Argëtojë
Juggler	Xhongler
Lion	Luani
Magic	Magji
Magician	Magjistar
Monkey	Majmun
Music	Muzika
Parade	Paradë
Show	Tregoj
Spectacular	Spektakolare
Spectator	Spektator
Tent	Çadër
Tiger	Tigër
Trick	Mashtrim

Clothes
Rrobat

Apron	Platformë
Belt	Rrip
Blouse	Bluzë
Bracelet	Byzylyk
Coat	Pallto
Dress	Veshje
Fashion	Moda
Gloves	Doreza
Hat	Kapelë
Jacket	Xhaketë
Jeans	Xhins
Jewelry	Bizhuteri
Pajamas	Pizhama
Pants	Pantallona
Sandals	Sandale
Scarf	Shall
Shirt	Këmishë
Shoe	Mbath
Skirt	Skaj
Sweater	Triko

Colors
Ngjyrat

Azure	Azure
Beige	Bjeze
Black	E Zezë
Blue	Blu
Brown	Kafe
Crimson	Purpur
Cyan	Cyan
Fuchsia	Fuksia
Green	E Gjelbër
Grey	Gri
Indigo	Indigo
Magenta	Magenta
Orange	Portokalli
Pink	Rozë
Purple	Vjollcë
Red	E Kuqe
Sepia	Sepia
Violet	Violetë
White	E Bardhë
Yellow	E Verdhë

Countries #1
Vendet Numër 1

Brazil	Brazil
Canada	Kanada
Egypt	Egjipt
Finland	Finlanda
Germany	Gjermani
Iraq	Irak
Israel	Izraelit
Italy	Itali
Latvia	Letoni
Libya	Libi
Morocco	Marok
Nicaragua	Nikaragua
Norway	Norvegji
Panama	Panama
Poland	Poloni
Romania	Rumani
Senegal	Senegal
Spain	Spanjë
Venezuela	Venezuelë
Vietnam	Vietnam

Countries #2
Vendet #2

Albania	Shqipëria
Denmark	Danimarkë
Ethiopia	Etiopi
Greece	Greqi
Haiti	Haiti
Jamaica	Xhamajka
Japan	Japoni
Laos	Laos
Lebanon	Libani
Liberia	Liberi
Mexico	Meksikë
Nepal	Nepal
Nigeria	Nigeri
Pakistan	Pakistan
Russia	Rusi
Somalia	Somali
Sudan	Sudan
Syria	Siri
Uganda	Ugandë
Ukraine	Ukrainë

Creativity
Kreativiteti

Artistic	Artistike
Authenticity	Autenticiteti
Changing	Ndryshimi
Clarity	Qartësi
Dramatic	Dramatike
Emotions	Emocionet
Expression	Shprehje
Ideas	Ide
Image	Imazhi
Imagination	Imagjinatë
Impression	Përshtypje
Inspiration	Frymëzim
Intensity	Intensiteti
Intuition	Intuitë
Inventive	Krijues
Sensation	Ndjesi
Skill	Aftësi
Spontaneous	Spontane
Visions	Vizionet
Vitality	Vitaliteti

Days and Months
Ditët dhe Muajt

April	Prill
August	Gusht
Calendar	Kalendar
February	Shkurt
Friday	E Premte
January	Janar
July	Korrik
March	Mars
Monday	E Hënë
Month	Muaj
November	Nëntor
October	Tetor
Saturday	E Shtunë
September	Shtator
Sunday	E Diel
Thursday	E Enjte
Tuesday	E Martë
Wednesday	E Mërkurë
Week	Java
Year	Viti

Diplomacy
Diplomacia

Adviser	Këshilltar
Ambassador	Ambasador
Citizens	Qytetarët
Civic	Qytetare
Community	Komuniteti
Conflict	Konflikt
Cooperation	Bashkëpunimi
Diplomatic	Diplomatike
Discussion	Diskutim
Embassy	Ambasada
Ethics	Etika
Government	Qeverisë
Humanitarian	Humanitar
Integrity	Integriteti
Justice	Drejtësi
Politics	Politika
Resolution	Rezolutë
Security	Siguria
Solution	Zgjidhje
Treaty	Traktati

Driving
Ngasja

Accident	Aksident
Brakes	Frenat
Car	Makina
Danger	Rrezik
Driver	Shofer
Fuel	Karburant
Garage	Garazh
Gas	Gaz
License	Liçensë
Map	Hartë
Motorcycle	Motor
Pedestrian	Këmbësor
Police	Policia
Safety	Siguria
Speed	Shpejtësi
Street	Rrugë
Traffic	Trafiku
Transportation	Transporti
Truck	Kamion
Tunnel	Tunel

Energy
Energjisë

Battery	Bateri
Carbon	Karbon
Diesel	Naftë
Electric	Elektrike
Electron	Elektron
Entropy	Entropia
Environment	Mjedis
Fuel	Karburant
Gasoline	Benzinë
Heat	Nxehtësia
Hydrogen	Hidrogjen
Industry	Industria
Motor	Motor
Nuclear	Bërthamore
Photon	Foton
Pollution	Ndotja
Renewable	Rinovueshme
Steam	Avull
Turbine	Turbinë
Wind	Era

Engineering
Inxhinieri

Angle	Kënd
Axis	Aksi
Calculation	Llogaritja
Construction	Ndërtimi
Depth	Thellësi
Diagram	Diagramë
Diameter	Diametri
Diesel	Naftë
Distribution	Shpërndarje
Energy	Energji
Gears	Ingranazhet
Levers	Leva
Liquid	Lëng
Machine	Makinë
Measurement	Matja
Motor	Motor
Propulsion	Shtesje
Stability	Stabiliteti
Strength	Forcë
Structure	Struktura

Ethics
Etika

Altruism	Altruizmi
Benevolent	Dashamirës
Compassion	Dhembshuri
Cooperation	Bashkëpunimi
Dignity	Dinjitet
Diplomatic	Diplomatike
Honesty	Ndershmëria
Humanity	Njerëzimi
Integrity	Integriteti
Kindness	Mirësi
Optimism	Optimizëm
Patience	Durim
Philosophy	Filozofi
Rationality	Racionaliteti
Realism	Realizmi
Reasonable	E Arsyeshme
Respectful	Respektueshëm
Tolerance	Tolerancë
Values	Vlerat
Wisdom	Urtësi

Family
Familja

Ancestor	Paraardhës
Aunt	Hallë
Brother	Vëlla
Child	Fëmijë
Childhood	Fëmijëria
Cousin	Kushëri
Daughter	Vajzë
Father	Baba
Grandfather	Gjyshi
Grandmother	Gjyshja
Grandson	Nipi
Husband	Burri
Maternal	Nënës
Mother	Nëna
Nephew	Nipi
Niece	Mbesë
Paternal	Atërore
Sister	Motër
Uncle	Xhaxhai
Wife	Gruaja

Farm #1
Ferma Numër 1

Agriculture	Bujqësia
Bee	Bletë
Bison	Bizon
Calf	Viç
Cat	Mace
Chicken	Pulë
Cow	Lopë
Crow	Sorrë
Dog	Qen
Donkey	Gomar
Fence	Gardh
Fertilizer	Pleh
Field	Fusha
Goat	Dhi
Hay	Sanë
Honey	Mjaltë
Horse	Kalë
Rice	Oriz
Seeds	Fara
Water	Uji

Farm #2
Ferma Numër 2

Animals	Kafshët
Barley	Elb
Barn	Hambar
Corn	Misri
Duck	Rosa
Farmer	Fermer
Food	Ushqim
Fruit	Fruta
Irrigation	Ujitje
Lamb	Qengj
Llama	Llama
Meadow	Livadh
Milk	Qumësht
Orchard	Pemishte
Sheep	Dele
Shepherd	Bariu
Tractor	Traktor
Vegetable	Perime
Wheat	Gruri
Windmill	Mulli me Erë

Fashion
Modës

Boutique	Butik
Buttons	Butonat
Clothing	Veshje
Comfortable	Rehat
Elegant	Elegante
Embroidery	Qëndisje
Expensive	Shkenjte
Fabric	Pëlhurë
Lace	Dantella
Measurements	Matjet
Minimalist	Minimalist
Modern	Moderne
Modest	Modest
Original	Origjinal
Pattern	Model
Practical	Praktike
Simple	E Thjeshtë
Style	Stili
Texture	Cilësi
Trend	Prirje

Fishing
Peshkimi

Bait	Karrem
Basket	Shportë
Beach	Plazh
Boat	Varkë
Cook	Gatuaj
Equipment	Pajisje
Exaggeration	Ekzagjerim
Fins	Fins
Gills	Gushë
Hook	Grep
Jaw	Nofulla
Lake	Liqeni
Ocean	Oqean
Patience	Durim
River	Lumi
Scales	Peshore
Season	Sezon
Water	Uji
Weight	Pesha
Wire	Tel

Flowers
Lule

Bouquet	Buqetë
Calendula	Calendula
Clover	Tërfili
Daffodil	Daffodil
Daisy	Daisy
Dandelion	Luleradhiqe
Gardenia	Gardenia
Hibiscus	Hibiscus
Jasmine	Jasemini
Lavender	Livando
Lilac	Jargavan
Lily	Zambak
Magnolia	Magnolia
Orchid	Orkide
Peony	Bozhure
Petal	Petal
Plumeria	Plumeria
Poppy	Lulëkuqe
Sunflower	Luledielli
Tulip	Tulep

Food #1
Ushqimi Numër 1

Apricot	Kajsi
Barley	Elb
Basil	Borzilok
Carrot	Karrota
Cinnamon	Kanellë
Garlic	Hudhër
Juice	Lëng
Lemon	Limon
Milk	Qumësht
Onion	Qepë
Peanut	Kikirik
Pear	Dardhë
Salad	Sallatë
Salt	Kripë
Soup	Supë
Spinach	Spinaq
Strawberry	Luleshtrydhe
Sugar	Sheqer
Tuna	Tuna
Turnip	Rrepë

Food #2
Ushqimi Numër 2

Apple	Mollë
Artichoke	Angjinarja
Banana	Banane
Broccoli	Brokoli
Celery	Selino
Cheese	Djathë
Cherry	Qershi
Chicken	Pulë
Chocolate	Çokollatë
Egg	Vezë
Eggplant	Patëllxhan
Fish	Peshk
Grape	Rrushit
Ham	Proshutë
Kiwi	Kivi
Mushroom	Kërpudha
Rice	Oriz
Tomato	Domate
Wheat	Gruri
Yogurt	Kos

Force and Gravity
Forca dhe Graviteti

Axis	Aksi
Center	Qendra
Discovery	Zbulimi
Distance	Distancë
Dynamic	Dinamike
Expansion	Zgjerimi
Friction	Fërkimi
Impact	Ndikimi
Magnetism	Magnetizmi
Magnitude	Magnitudë
Mechanics	Mekanika
Momentum	Vrull
Orbit	Orbita
Physics	Fizika
Pressure	Presioni
Properties	Vetitë
Speed	Shpejtësi
Time	Koha
Universal	Universale
Weight	Pesha

Fruit
Fruta

Apple	Mollë
Apricot	Kajsi
Avocado	Avokado
Banana	Banane
Cherry	Qershi
Coconut	Kokosi
Fig	Fig
Grape	Rrushit
Guava	Guava
Kiwi	Kivi
Lemon	Limon
Mango	Mango
Melon	Pjepër
Nectarine	Nektarinë
Orange	Portokalli
Papaya	Papaja
Peach	Pjeshkë
Pear	Dardhë
Pineapple	Ananas
Raspberry	Mjedër

Garden
Kopshti

Bench	Stol
Bush	Bush
Fence	Gardh
Flower	Lule
Garage	Garazh
Garden	Kopsht
Grass	Bari
Hammock	Hamak
Hose	Çorape
Lawn	Lëndinë
Orchard	Pemishte
Pond	Pellg
Porch	Verandë
Rake	Grabujë
Rocks	Shkëmbinj
Shovel	Lopatë
Terrace	Tarracë
Trampoline	Trampolinë
Tree	Pemë
Vine	Hardhisë

Gardening
Kopshtarisë

Blossom	Çel
Botanical	Botanik
Bouquet	Buqetë
Climate	Klima
Compost	Plehrash
Container	Enë
Dirt	Pisllëku
Edible	Ngrënshëm
Exotic	Ekzotike
Floral	Lules
Foliage	Gjeth
Hose	Çorape
Leaf	Fletë
Moisture	Lagështi
Orchard	Pemishte
Seasonal	Sezonale
Seeds	Fara
Soil	Tokës
Species	Llojet
Water	Uji

Geography
Gjeografia

Atlas	Atlas
City	Qytet
Continent	Kontinent
Country	Vendi
Elevation	Lartësi
Hemisphere	Hemisfera
Island	Ishull
Latitude	Gjerësi
Map	Hartë
Meridian	Meridian
Mountain	Mal
North	Veri
Ocean	Oqean
Region	Rajon
River	Lumi
Sea	Det
South	Jug
Territory	Territori
West	Perëndim
World	Botë

Geology
Gjeologjia

Acid	Acid
Calcium	Kalcium
Cavern	Shpellë
Continent	Kontinent
Coral	Koral
Crystals	Kristale
Cycles	Ciklet
Earthquake	Tërmet
Erosion	Erozioni
Fossil	Fosile
Geyser	Gejzer
Lava	Lava
Layer	Shtresë
Minerals	Mineralet
Plateau	Pllajë
Quartz	Kuarc
Salt	Kripë
Stalactite	Stalaktit
Stone	Gur
Volcano	Vullkan

Geometry
Gjeometria

Angle	Kënd
Calculation	Llogaritja
Circle	Rreth
Curve	Kurve
Diameter	Diametri
Dimension	Dimensioni
Equation	Ekuacioni
Height	Lartësia
Horizontal	Horizontale
Logic	Logjikë
Mass	Masa
Median	Mesatare
Number	Numër
Parallel	Paralel
Proportion	Pjesë
Segment	Segment
Surface	Sipërfaqe
Symmetry	Simetri
Theory	Teori
Triangle	Trekëndësh

Government
Qeverisë

Citizenship	Qytetari
Civil	Civile
Constitution	Kushtetuta
Democracy	Demokraci
Discussion	Diskutim
Dissent	Mospajtime
Equality	Barazi
Independence	Pavarësia
Judicial	Gjyqësor
Justice	Drejtësi
Law	Ligji
Leader	Udhëheqës
Liberty	Liri
Monument	Monument
Nation	Kombi
Peaceful	Paqësore
Politics	Politika
Speech	Të Folurit
State	Shteti
Symbol	Simbol

Hair Types
Llojet e Flokeve

Bald	Tullac
Black	E Zezë
Blond	Bjond
Braided	Endur
Braids	Gërsheta
Brown	Kafe
Colored	Me Ngjyrë
Curls	Curls
Curly	Kaçurrel
Dry	Thatë
Gray	Gry
Healthy	I Shëndetshëm
Long	Gjatë
Shiny	Shkëlqim
Short	I Shkurtër
Soft	Butë
Thick	E Trashë
Thin	I Hollë
Wavy	Me Onde
White	E Bardhë

Health and Wellness #1
Shëndeti dhe Mirëqenia #1

Active	Aktiv
Bacteria	Bakteret
Bones	Kockat
Clinic	Klinika
Doctor	Doktor
Fracture	Frakturë
Habit	Zakon
Height	Lartësia
Hormones	Hormonet
Hunger	Uria
Medicine	Mjekësi
Muscles	Muskujt
Nerves	Nervat
Pharmacy	Farmaci
Reflex	Refleks
Relaxation	Çlodhje
Skin	Lëkurës
Therapy	Terapia
Treatment	Trajtimi
Virus	Virusi

Health and Wellness #2
Shëndeti dhe Mirëqenia #2

Allergy	Alergjia
Anatomy	Anatomia
Appetite	Oreksi
Blood	Gjak
Calorie	Kalori
Dehydration	Dehidratim
Diet	Dietë
Disease	Sëmundje
Energy	Energji
Genetics	Gjenetika
Healthy	I Shëndetshëm
Hospital	Spital
Hygiene	Higjiena
Infection	Infeksioni
Massage	Masazh
Nutrition	Të Ushqyerit
Recovery	Shërim
Stress	Stresi
Vitamin	Vitamina
Weight	Pesha

Herbalism
Herbalizëm

Aromatic	Aromatike
Beneficial	I Dobishëm
Culinary	Kulinari
Fennel	Kopër
Flavor	Aromë
Flower	Lule
Garden	Kopsht
Garlic	Hudhër
Green	E Gjelbër
Ingredient	Përbërës
Lavender	Livando
Marjoram	Borzilok
Mint	Nenexhik
Oregano	Rigon
Parsley	Majdanoz
Plant	Bimë
Quality	Cilësia
Rosemary	Rozmarinë
Saffron	Shafran
Tarragon	Dragua

Hiking
Ecje

Animals	Kafshët
Boots	Çizme
Camping	Kamping
Cliff	Shkëmb
Climate	Klima
Guides	Udhëzues
Hazards	Rreziqet
Heavy	E Rëndë
Map	Hartë
Mountain	Mal
Nature	Natyra
Orientation	Orientim
Parks	Parqet
Preparation	Përgatitja
Stones	Gurë
Summit	Samiti
Sun	Diell
Tired	Të Lodhur
Water	Uji
Wild	I Egër

House
Shtëpia

Attic	Papafingo
Broom	Fshesë
Curtains	Perde
Door	Dera
Fence	Gardh
Fireplace	Oxhak
Floor	Kati
Furniture	Mobilje
Garage	Garazh
Garden	Kopsht
Keys	Çelësat
Kitchen	Kuzhina
Lamp	Llambë
Library	Librari
Mirror	Pasqyrë
Roof	Çati
Room	Dhomë
Shower	Dush
Wall	Mur
Window	Dritare

Human Body
Trupi i Njeriut

Ankle	Kyçri
Blood	Gjak
Bones	Kockat
Brain	Truri
Chin	Mjekër
Ear	Vesh
Elbow	Bërryl
Face	Fytyra
Finger	Gishti
Hand	Dorë
Head	Kokë
Heart	Zemra
Jaw	Nofulla
Knee	Gju
Leg	Këmbë
Mouth	Goja
Neck	Qafë
Nose	Hundë
Shoulder	Sup
Skin	Lëkurës

Insects
Insektet

Ant	Milingonë
Aphid	Aphid
Bee	Bletë
Beetle	Brumbulli
Butterfly	Flutur
Cicada	Cicada
Cockroach	Kacabu
Dragonfly	Pilivesë
Flea	Plesht
Grasshopper	Karkalec
Hornet	Brëzi
Ladybug	Ladybug
Larva	Larva
Locust	Karkaleci
Mantis	Mantis
Mosquito	Mushkonjë
Moth	Molë
Termite	Termit
Wasp	Grenzë
Worm	Krimbi

Jazz
Xhaz

Album	Album
Applause	Duartrokitje
Artist	Artist
Composer	Kompozitor
Composition	Përbërja
Concert	Koncert
Drums	Bateri
Emphasis	Theksi
Famous	I Famshëm
Genre	Zhanër
Improvisation	Improvizim
Music	Muzika
New	I Ri
Old	I Vjetër
Orchestra	Orkestër
Rhythm	Ritëm
Song	Këngë
Style	Stili
Talent	Talent
Technique	Teknikë

Landscapes
Peizazhet

Beach	Plazh
Cave	Shpellë
Desert	Shkretëtirë
Geyser	Gejzer
Glacier	Akullnajë
Hill	Kodër
Iceberg	Ajsberg
Island	Ishull
Lake	Liqeni
Mountain	Mal
Oasis	Oazë
Ocean	Oqean
Peninsula	Gadishull
River	Lumi
Sea	Det
Swamp	Moçal
Tundra	Tundër
Valley	Luginë
Volcano	Vullkan
Waterfall	Ujëvarë

Literature
Letërsia

Analogy	Analogjia
Analysis	Analiza
Anecdote	Anekdotë
Author	Autor
Biography	Biografia
Comparison	Krahasim
Conclusion	Përfundim
Description	Përshkrim
Dialogue	Dialogu
Fiction	Trillim
Metaphor	Metafora
Narrator	Narrator
Novel	Roman
Poem	Poemë
Poetic	Poetike
Rhyme	Rimë
Rhythm	Ritëm
Style	Stili
Theme	Tema
Tragedy	Tragjedi

Mammals
Gjitarët

Bear	Ariu
Beaver	Kastor
Bull	Dem
Cat	Mace
Coyote	Kojotë
Dog	Qen
Dolphin	Delfin
Elephant	Elefanti
Fox	Foks
Giraffe	Gjirafë
Gorilla	Gorilla
Horse	Kalë
Kangaroo	Kangur
Lion	Luani
Monkey	Majmun
Rabbit	Lepuri
Sheep	Dele
Whale	Balena
Wolf	Ujku
Zebra	Zebër

Math
Matematikë

Angles	Këndet
Arithmetic	Aritmetikë
Circumference	Rrethenca
Decimal	Dhjetore
Diameter	Diametri
Equation	Ekuacioni
Exponent	Eksponent
Fraction	Thyesë
Geometry	Gjeometria
Numbers	Numrat
Parallel	Paralel
Parallelogram	Paralelogram
Perimeter	Perimetër
Polygon	Poligoni
Radius	Rreze
Rectangle	Drejtkëndësh
Square	Sheshi
Symmetry	Simetri
Triangle	Trekëndësh
Volume	Vëllimi

Measurements
Matjet

Byte	Bajt
Centimeter	Centimetër
Decimal	Dhjetore
Degree	Gradë
Depth	Thellësi
Gram	Gram
Height	Lartësia
Inch	Inç
Kilogram	Kilogram
Kilometer	Kilometër
Length	Gjatësia
Liter	Litër
Mass	Masa
Meter	Matës
Minute	Minutë
Ounce	Ons
Ton	Ton
Volume	Vëllimi
Weight	Pesha
Width	Gjerësia

Meditation
Meditimi

Acceptance	Pranimi
Awake	Zgjuar
Breathing	Frymëmarrja
Calm	Qetësi
Clarity	Qartësi
Compassion	Dhembshuri
Emotions	Emocionet
Gratitude	Mirënjohje
Habits	Zakonet
Kindness	Mirësi
Mental	Mendore
Mind	Mendje
Movement	Lëvizja
Music	Muzika
Nature	Natyra
Peace	Paqe
Perspective	Perspektivë
Silence	Heshtje
Thoughts	Mendime
To Learn	Për të Mësuar

Music
Muzikë

Album	Album
Ballad	Baladë
Chorus	Kori
Classical	Klasike
Eclectic	Eklektik
Harmonic	Harmonik
Harmony	Harmoni
Lyrical	Lirike
Melody	Melodi
Microphone	Mikrofon
Musical	Muzikor
Musician	Muzikant
Opera	Opera
Poetic	Poetike
Recording	Regjistrimi
Rhythm	Ritëm
Rhythmic	Ritmike
Sing	Këndoni
Singer	Këngëtarja
Vocal	Vokal

Musical Instruments
Instrumentet Muzikore

Banjo	Banjo
Bassoon	Fageg
Cello	Violonçel
Clarinet	Klarinetë
Drum	Daulle
Flute	Flaut
Gong	Gong
Guitar	Kitarë
Harmonica	Harmonikë
Harp	Harp
Mandolin	Mandolinë
Marimba	Marimba
Oboe	Oboe
Percussion	Goditje
Piano	Piano
Saxophone	Saksofon
Tambourine	Dajre
Trombone	Trombon
Trumpet	Trumbetë
Violin	Violinë

Mythology
Mitologji

Archetype	Arketipi
Behavior	Sjellje
Beliefs	Besimet
Creation	Krijim
Creature	Krijesa
Culture	Kultura
Deities	Hyjnitë
Disaster	Fatkeqësi
Heaven	Qiell
Hero	Hero
Immortality	Pavdekësia
Jealousy	Xhelozia
Labyrinth	Labirint
Legend	Legjenda
Lightning	Rrufe
Monster	Përbindësh
Mortal	Vdekshëm
Revenge	Hakmarrje
Thunder	Bubullima
Warrior	Luftëtari

Nature
Natyra

Animals	Kafshët
Arctic	Arktik
Beauty	Bukuri
Bees	Bletët
Cliffs	Shkëmbinjtë
Clouds	Retë
Desert	Shkretëtirë
Dynamic	Dinamike
Erosion	Erozioni
Fog	Mjegull
Foliage	Gjeth
Forest	Pyll
Glacier	Akullnajë
Peaceful	Paqësore
River	Lumi
Sanctuary	Shenjtërorja
Serene	Qetë
Tropical	Tropikal
Vital	Jetësore
Wild	I Egër

Nutrition
Të Ushqyerit

Appetite	Oreksi
Balanced	Balancuar
Bitter	E Hidhur
Calories	Kaloritë
Carbohydrates	Karbohidratet
Diet	Dietë
Digestion	Tretje
Edible	Ngrënshëm
Fermentation	Fermentimi
Flavor	Aromë
Habits	Zakonet
Health	Shëndeti
Healthy	I Shëndetshëm
Liquids	Lëngjet
Proteins	Proteinat
Quality	Cilësia
Sauce	Salcë
Toxin	Toksinë
Vitamin	Vitamina
Weight	Pesha

Ocean
Oqeani

Algae	Algat
Coral	Koral
Crab	Gaforrja
Dolphin	Delfin
Eel	Ngjala
Fish	Peshk
Jellyfish	Kandil Deti
Octopus	Oktapod
Oyster	Gocë Deti
Reef	Gumë
Salt	Kripë
Seaweed	Alga Deti
Shark	Peshkaqen
Shrimp	Karkaleca
Sponge	Sfungjer
Storm	Stuhi
Tides	Baticat
Tuna	Tuna
Turtle	Breshkë
Whale	Balena

Pets
Kafshët Shtëpiake

Cat	Mace
Claws	Kthetrat
Collar	Jakë
Cow	Lopë
Dog	Qen
Fish	Peshk
Food	Ushqim
Goat	Dhi
Hamster	Lloj Brejtësi
Kitten	Kotele
Lizard	Hardhucë
Mouse	Miu
Parrot	Papagall
Paws	Putrat
Puppy	Qenush
Rabbit	Lepuri
Tail	Bisht
Turtle	Breshkë
Veterinarian	Veteriner
Water	Uji

Philanthropy
Filantropisë

Challenges	Sfidat
Charity	Bamirësi
Children	Fëmijë
Community	Komuniteti
Contacts	Kontaktet
Donate	Dhuro
Finance	Financa
Funds	Fondet
Generosity	Bujari
Goals	Gola
Groups	Grupet
History	Histori
Honesty	Ndershmëria
Humanity	Njerëzimi
Mission	Misioni
Need	Nevoja
People	Njerëzit
Programs	Programet
Public	Publik
Youth	Rinia

Photography
Fotografi

Black	E Zezë
Camera	Kamera
Color	Ngjyrë
Composition	Përbërja
Contrast	Kontrast
Darkness	Errësirë
Definition	Përkufizim
Exhibition	Ekspozita
Format	Format
Frame	Korniza
Lighting	Ndriçimi
Object	Objekt
Perspective	Perspektivë
Portrait	Portret
Shadows	Hijet
Soften	Zbute
Subject	Subjekt
Texture	Cilësi
View	Pamje
Visual	Vizuale

Physics
Fizikë

Acceleration	Përshpejtimi
Atom	Atom
Chaos	Kaos
Chemical	Kimike
Density	Dendësia
Electron	Elektron
Engine	Motor
Formula	Formulë
Frequency	Frekuenca
Gas	Gaz
Magnetism	Magnetizmi
Mass	Masa
Mechanics	Mekanika
Molecule	Molekula
Nuclear	Bërthamore
Particle	Grimcë
Relativity	Relativiteti
Speed	Shpejtësi
Universal	Universale
Velocity	Shpejtësia

Plants
Bimët

Bamboo	Bambu
Bean	Fasule
Blossom	Çel
Botany	Botanikë
Bush	Bush
Cactus	Kaktus
Fertilizer	Pleh
Flora	Flora
Flower	Lule
Foliage	Gjeth
Forest	Pyll
Garden	Kopsht
Grass	Bari
Ivy	Ivy
Moss	Myshk
Petal	Petal
Root	Rrënjë
Stem	Rrjedhin
Tree	Pemë
Vegetation	Bimësia

Professions #1
Profesionet Numër 1

Ambassador	Ambasador
Astronomer	Astronom
Attorney	Avokat
Banker	Bankier
Cartographer	Hartograf
Coach	Trajner
Dancer	Balerin
Doctor	Doktor
Editor	Redaktor
Geologist	Gjeolog
Hunter	Gjuetar
Jeweler	Gjuhari
Musician	Muzikant
Nurse	Infermiere
Pianist	Pianist
Plumber	Hidraulik
Psychologist	Psikolog
Sailor	Marinar
Tailor	Rrobaqepës
Veterinarian	Veteriner

Professions #2
Profesionet Numër 2

Astronaut	Astronaut
Biologist	Biolog
Dentist	Dentisti
Detective	Detetivi
Engineer	Inxhinier
Farmer	Fermer
Gardener	Kopshtar
Illustrator	Ilustrues
Inventor	Shpikësi
Journalist	Gazetar
Librarian	Bibliotekar
Linguist	Gjuhëtar
Painter	Piktor
Philosopher	Filozof
Photographer	Fotograf
Physician	Mjek
Pilot	Pilot
Surgeon	Kirurg
Teacher	Mësues
Zoologist	Zoolog

Psychology
Psikologjia

Appointment	Emërimi
Assessment	Vlerësimi
Behavior	Sjellje
Childhood	Fëmijëria
Clinical	Klinike
Cognition	Njohje
Conflict	Konflikt
Dreams	Ëndrrat
Ego	Ego
Emotions	Emocionet
Ideas	Ide
Perception	Perceptimi
Personality	Personalitet
Problem	Problem
Reality	Realitet
Sensation	Ndjesi
Subconscious	Nënvetëdija
Therapy	Terapia
Thoughts	Mendime
Unconscious	Pavetëdije

Rainforest
Pyjet e Shiut

Amphibians	Amfibët
Birds	Zogjtë
Botanical	Botanik
Climate	Klima
Clouds	Retë
Community	Komuniteti
Diversity	Diversiteti
Indigenous	Audigjen
Insects	Insektet
Jungle	Xhungël
Mammals	Gjitarët
Moss	Myshk
Nature	Natyra
Preservation	Ruajtja
Refuge	Strehë
Respect	Respekt
Restoration	Restaurimi
Species	Llojet
Survival	Mbijetesa
Valuable	Me Vlerë

Restaurant #2
Restoranti Numër 2

Beverage	Pije
Cake	Tortë
Chair	Karrige
Delicious	E Shijshme
Dinner	Darka
Eggs	Vezë
Fish	Peshk
Fork	Pirun
Fruit	Fruta
Ice	Akull
Lunch	Drekë
Noodles	Petë
Salad	Sallatë
Salt	Kripë
Soup	Supë
Spices	Erëza
Spoon	Lugë
Vegetables	Perimet
Waiter	Kamarier
Water	Uji

Science
Shkenca

Atom	Atom
Chemical	Kimike
Climate	Klima
Data	Të Dhëna
Evolution	Evolucioni
Experiment	Eksperiment
Fact	Fakt
Fossil	Fosile
Gravity	Graviteti
Hypothesis	Hipoteza
Laboratory	Laborator
Method	Metoda
Minerals	Mineralet
Molecules	Molekulat
Nature	Natyra
Organism	Organizëm
Particles	Grimcat
Physics	Fizika
Plants	Bimët
Scientist	Shkencëtar

Science Fiction
Fiction Shkencor

Atomic	Atomike
Books	Libra
Chemicals	Kimikatet
Cinema	Kinema
Dystopia	Distopia
Explosion	Shpërthim
Extreme	Ekstrem
Fantastic	Fantastik
Fire	Zjarr
Futuristic	Futurist
Galaxy	Galaktikë
Illusion	Iluzion
Imaginary	Imagjinare
Mysterious	Misterioze
Oracle	Orakulli
Planet	Planet
Robots	Robotët
Technology	Teknologji
Utopia	Utopi
World	Botë

Scientific Disciplines
Disiplinat Shkencore

Anatomy	Anatomia
Archaeology	Arkeologjia
Astronomy	Astronomi
Biochemistry	Biokimi
Biology	Biologji
Botany	Botanikë
Chemistry	Kimia
Ecology	Ekologjia
Geology	Gjeologjia
Immunology	Imunologji
Kinesiology	Kinesiologjia
Linguistics	Gjuhësi
Mechanics	Mekanika
Mineralogy	Mineralogjia
Neurology	Neurologji
Physiology	Fiziologji
Psychology	Psikologji
Sociology	Sociologji
Thermodynamics	Termodinamika
Zoology	Zoologji

Shapes
Format

Arc	Hark
Circle	Rreth
Cone	Kon
Corner	Qoshe
Cube	Kube
Curve	Kurve
Cylinder	Cilindri
Edges	Skajet
Ellipse	Elips
Hyperbola	Hiperbola
Line	Linjë
Oval	Ovale
Polygon	Poligoni
Prism	Prizëm
Pyramid	Piramida
Rectangle	Drejtkëndësh
Side	Anë
Sphere	Sferë
Square	Sheshi
Triangle	Trekëndësh

Spices
Melmesat

Anise	Anise
Bitter	E Hidhur
Cardamom	Kardamom
Cinnamon	Kanellë
Clove	Karafil
Coriander	Koriandër
Cumin	Qimnon
Curry	Kerri
Fennel	Kopër
Fenugreek	Fenugreek
Flavor	Aromë
Garlic	Hudhër
Ginger	Xhenxhefil
Nutmeg	Arrëmyshk
Onion	Qepë
Paprika	Spec i Kuq
Saffron	Shafran
Salt	Kripë
Sweet	E Ëmbël
Vanilla	Vanilje

Sport
Sport

Ability	Aftësi
Athlete	Atlet
Body	Trupi
Bones	Kockat
Coach	Trajner
Cycling	Çiklizëm
Dancing	Vallëzimi
Diet	Dietë
Endurance	Qëndrueshmëri
Goal	Qëllimi
Health	Shëndeti
Jogging	Vrapim
Maximize	Maximizo
Metabolic	Metabolike
Muscles	Muskujt
Nutrition	Të Ushqyerit
Program	Programi
Sports	Sportet
Strength	Forcë
Stretching	Shtrihen

Technology
Teknologjia

Blog	Blog
Browser	Shfletuesi
Bytes	Bytes
Camera	Kamera
Computer	Kompjuter
Cursor	Kursor
Data	Të Dhëna
Digital	Dixhital
Display	Shfaq
File	Dosje
Font	Font
Internet	Interneti
Message	Mesazh
Research	Kërkime
Screen	Ekran
Security	Siguria
Software	Softuer
Statistics	Statistika
Virtual	Virtual
Virus	Virusi

The Company
Kompania

Business	Biznes
Creative	Krijues
Decision	Vendim
Employment	Punësimi
Global	Globale
Industry	Industria
Innovative	Inovative
Investment	Investim
Possibility	Mundësi
Presentation	Prezantim
Product	Produkt
Professional	Profesional
Progress	Progres
Quality	Cilësia
Reputation	Reputacioni
Resources	Burimet
Revenue	Të Ardhurat
Risks	Rreziqet
Trends	Trendet
Units	Njësitë

The Media
Mediat

Advertisements	Reklama
Attitudes	Qëndrimet
Commercial	Tregti
Communication	Komunikimi
Digital	Dixhital
Edition	Botim
Education	Arsimi
Facts	Fakte
Funding	Financimi
Images	Imazhet
Individual	Individual
Industry	Industria
Intellectual	Intelektuale
Local	Lokal
Network	Rrjeti
Newspapers	Gazetat
Online	Online
Opinion	Opinion
Public	Publik
Radio	Radio

Time
Koha

Annual	Vjetor
Before	Para
Calendar	Kalendar
Century	Shekulli
Day	Dita
Decade	Dekade
Early	Herët
Future	E Ardhmja
Hour	Orë
Minute	Minutë
Month	Muaj
Morning	Mëngjes
Night	Natë
Noon	Mesditë
Now	Tani
Soon	Së Shpejti
Today	Sot
Week	Java
Year	Viti
Yesterday	Dje

To Fill
Për të Mbushur

Bag	Çantë
Barrel	Fuçi
Basin	Legen
Basket	Shportë
Bottle	Shishe
Box	Kuti
Bucket	Kovë
Carton	Kartoni
Crate	Arkë
Drawer	Sirtar
Envelope	Zarf
Folder	Dosje
Jar	Jar
Packet	Pako
Pocket	Xhep
Suitcase	Valixhe
Tray	Tabaka
Tub	Vaskë
Tube	Gyp
Vase	Vazo

Town
Qyteti

Airport	Aeroport
Bakery	Furke
Bank	Bankë
Cafe	Kafe
Cinema	Kinema
Clinic	Klinika
Florist	Luleshitës
Gallery	Galeri
Hotel	Hotel
Library	Librari
Market	Tregu
Museum	Muze
Pharmacy	Farmaci
Restaurant	Restorant
School	Shkolla
Stadium	Stadiumi
Store	Dyqan
Supermarket	Supermarket
Theater	Teatri
University	Universiteti

Universe
Gjithësi

Asteroid	Asteroidi
Astronomer	Astronom
Astronomy	Astronomi
Atmosphere	Atmosferë
Celestial	Qiellore
Cosmic	Kozmike
Darkness	Errësirë
Eon	Eon
Galaxy	Galaktikë
Hemisphere	Hemisfera
Horizon	Horizont
Latitude	Gjerësi
Moon	Hëna
Orbit	Orbita
Sky	Qiell
Solar	Diellore
Solstice	Solstic
Telescope	Teleskop
Visible	E Dukshme
Zodiac	Zodiakut

Vacation #2
Pushimet Numër 2

Airport	Aeroport
Beach	Plazh
Camping	Kamping
Destination	Destinacioni
Foreigner	I Huaj
Hotel	Hotel
Island	Ishull
Journey	Udhëtim
Leisure	Koha e Lirë
Map	Hartë
Mountains	Malet
Passport	Pasaportë
Reservations	Rezervimet
Restaurant	Restorant
Sea	Det
Taxi	Taksi
Tent	Çadër
Train	Tren
Transportation	Transporti
Visa	Viza

Vegetables
Perimet

Artichoke	Angjinarja
Broccoli	Brokoli
Carrot	Karrota
Cauliflower	Lulelakër
Celery	Selino
Cucumber	Kastravec
Eggplant	Patëllxhan
Garlic	Hudhër
Ginger	Xhenxhefil
Mushroom	Kërpudha
Onion	Qepë
Parsley	Majdanoz
Pea	Bizele
Pumpkin	Kungull
Radish	Rrepkë
Salad	Sallatë
Shallot	Shallot
Spinach	Spinaq
Tomato	Domate
Turnip	Rrepë

Vehicles
Automjetet

Airplane	Aeroplan
Ambulance	Ambulanca
Bicycle	Biçikletë
Boat	Varkë
Bus	Autobus
Car	Makina
Caravan	Karvan
Ferry	Traget
Helicopter	Helikopter
Motor	Motor
Raft	Raft
Rocket	Raketë
Scooter	Skuter
Shuttle	Anije
Submarine	Nëndetëse
Subway	Metro
Taxi	Taksi
Tires	Goma
Tractor	Traktor
Truck	Kamion

Visual Arts
Artet Pamore

Architecture	Arkitekturë
Artist	Artist
Ceramics	Qeramikë
Chalk	Shkumës
Charcoal	Qymyr Druri
Clay	Balta
Composition	Përbërja
Creativity	Krijimtari
Easel	Këmbalec
Film	Film
Masterpiece	Kryevepër
Painting	Pikturë
Pen	Stilolaps
Pencil	Laps
Perspective	Perspektivë
Photograph	Fotografi
Portrait	Portret
Sculpture	Skulpturë
Stencil	Klishe
Wax	Dylli

Congratulations

You made it!

We hope you enjoyed this book as much as we enjoyed making it. We do our best to make high quality games.
These puzzles are designed in a clever way for you to learn actively while having fun!

Did you love them?

A Simple Request

Our books exist thanks your reviews. Could you help us by leaving one now?

Here is a short link which will take you to your order review page:

BestBooksActivity.com/Review50

MONSTER CHALLENGE!

Challenge #1

Ready for Your Bonus Game? We use them all the time but they are not so easy to find. Here are **Synonyms**!

Note 5 words you discovered in each of the Puzzles noted below (#21, #36, #76) and try to find 2 synonyms for each word.

Note 5 Words from *Puzzle 21*

Words	Synonym 1	Synonym 2

Note 5 Words from *Puzzle 36*

Words	Synonym 1	Synonym 2

Note 5 Words from *Puzzle 76*

Words	Synonym 1	Synonym 2

Challenge #2

Now that you are warmed-up, note 5 words you discovered in each Puzzle noted below (#9, #17, #25) and try to find 2 antonyms for each word. How many lines can you do in 20 minutes?

Note 5 Words from **Puzzle 9**

Words	Antonym 1	Antonym 2

Note 5 Words from **Puzzle 17**

Words	Antonym 1	Antonym 2

Note 5 Words from **Puzzle 25**

Words	Antonym 1	Antonym 2

Challenge #3

Wonderful, this monster challenge is nothing to you!

Ready for the last one? Choose your 10 favorite words discovered in any of the Puzzles and note them below.

1.	6.
2.	7.
3.	8.
4.	9.
5.	10.

Now, using these words and within a maximum of six sentences, your challenge is to compose a text about a person, animal or place that you love!

Tip: You can use the last blank page of this book as a draft!

Your Writing:

_____

_____

_____

_____

_____

_____

_____

Explore a Unique Store
Set Up **FOR YOU!**

BestActivityBooks.com/**TheStore**

Designed for Entertainment!

Light Up Your Brain With Unique **Gift Ideas**.

Access **Surprising** And **Essential Supplies!**

CHECK OUT OUR MONTHLY SELECTION NOW!

- Expertly Crafted Products -

NOTEBOOK:

SEE YOU SOON!

Linguas Classics Team

www.ingramcontent.com/pod-product-compliance
Lightning Source LLC
Chambersburg PA
CBHW082148120626
46553CB00010B/2811